Ines Stickler

# Glücksorte im Taunus

Fahr hin & werd glücklich

Dieses

# Glücksbuch

ist für

# Liebe Glücksuchende,

es gibt Plätze, mit denen fühlt man sich auf zauberhafte Weise verbunden. Sie erwärmen das Herz und berühren die Seele. Für mich liegen sie in der Region zwischen Main- und Hochtaunus. Dort, auf der Höhe, reifen Erdbeeren und Riesling, duftet es nach Tanne und Harz, gibt es charmante Läden und Cafés, spürt man große Freiheit in kleiner Idylle.

Der Taunus lässt sich wunderbar entlang der Jahreszeiten erleben: im Winter bei einer Schneewanderung auf den Altkönig; im Frühling in Hochheim, wenn die Störche zurückkehren; im Spätsommer beim Kastaniensammeln in Mammolshain; zum Drachensteigen auf dem Großen Feldberg, wenn der Herbst seine ersten Stürme übers Land schickt. Römer und Räuber gab's hier ebenso wie Königinnen und Künstler. Der Taunus bietet eine wilde Mischung.

Oft lohnt es sich, schon ganz früh unterwegs zu sein. Dann ist es für einen Moment so, als gehöre einem das Taunusglück ganz allein. Viel Spaß unterwegs auf der Höhe.

Ihre Ines Stickler

# Deine Glücksorte ...

# ... noch mehr Glück für dich

# Hoch hinaus

## 1 Die Eschbacher Klippen in Usingen

Noch ist es früh am Morgen, eine entspannte Ruhe liegt über dem Usinger Land. Zauberhafter pinkfarbener Fingerhut hat sich hier ausgebreitet, die Glockenblüten recken sich den ersten warmen Sonnenstrahlen entgegen. „Achtung, Seil!", ruft eine Stimme. Und ein paar Minuten später wieder: „Achtung, Seil!" Auf einer Lichtung machen sich Kinder bereit für eine Klettertour: Helme auf, Geschirr angelegt. Heute geht's hoch hinauf auf die Eschbacher Klippen.

Die spektakuläre Felswand tut sich ganz plötzlich mitten im Wald nördlich von Usingen-Eschbach nach ein paar Metern Feldweg auf. Steil ragt sie dem Himmel entgegen, 12 Meter sind die Klippen hoch. Diese einzigartige Felswand ist der sichtbare Teil eines etwa 6 Kilometer langen Quarzganges, der sich quer durch das Usatal bis zum Wormstein im Usinger Stadtwald fortsetzt. Vor unvorstellbaren 270 Millionen Jahren ist dieser Gang bei der Gebirgsbildung entstanden. Quarz ist robust und verwitterungsbeständig und konnte deshalb an einigen Stellen der Abtragung trotzen, wie etwa beim Elisabethenstein im benachbarten Bad Homburg. So spektakulär wie hier an den Eschbacher Klippen ist es aber nirgendwo sonst.

Keine Frage, dass es erst mal eine Weile braucht, dieses Naturwunder von allen Seiten zu betrachten: Es gibt Stellen im Felsen, die wirken wie eine Treppe; aus einem Spalt müht sich, ein Bäumchen zu wachsen; Einkerbungen, die sich fast von oben nach unten ziehen; ein Guckloch, wo ein Stein schräg aufsitzt. So viel zu schauen – und so viel zu begreifen. Zwar sind die Felsen als Naturdenkmal geschützt, doch darf an ihnen geklettert werden. Durch die vielen breiten Spalten sind die Eschbacher Klippen prima für Freeclimber geeignet. Aber auch Kletteranfänger und Boulderer haben ihren Spaß; für Touren unterschiedlicher Schwierigkeitsgrade sind Haken in die Felsen geschlagen. Und die Wanderer breiten sich am Fuß der Felsen eine Decke aus und lassen dieses außergewöhnliche Fleckchen Erde auf sich wirken.

- Eschbacher Klippen, Maibacher Weg 32, 61250 Usingen
- ÖPNV: Bus 65, Haltestelle Eschbacher Klippen

# Zum Kurztrip in die Wüste

## 2 Die Gärtnerei Tropica in Kriftel

Wenn sich die Blüte der Strelitzia öffnet, verwandelt sie sich in einen Vogelkopf: braun und spitz der Schnabel, der Kamm so leuchtend orangerot wie ein Sonnenuntergang. Sieht sie nicht aus wie ein Paradiesvogel? Sie passt hierher, die Blume von der Insel Teneriffa. In dieses Café, wo man sich zu Sehnsuchtsorten träumen darf.
Das Café Tropica liegt mitten in der Raritätengärtnerei in Kriftel. Mehr als 25 Jahre ist es her, dass das Unternehmen gegründet wurde. Doch die Wurzeln reichen tatsächlich noch viel weiter zurück, bis 1888, erzählt Chef Heiner May, und der Stolz in seiner Stimme ist unüberhörbar. Er liebt die Kakteen, mit denen die Mays in den 1950er-Jahren groß im Geschäft waren. Kakteen sind natürlich auch am Café gepflanzt – für die, die es gern heiß und trocken haben. Die Agave ist in Mexiko daheim, die Orchideen erinnern an die Regenwälder in Malaysia und der Rhipsalis schickt Grüße aus Brasilien. Wer an der Theke nach Herzenslust bestellt hat, findet also ganz gewiss sein Lieblingsplätzchen und kann inmitten des üppigen Grüns und plätschernden Wassers mit allen Sinnen genießen.
Ein Besuch bei Maja und Mali steht auch noch an, denn einem kleinen Plausch sind die beiden nie abgeneigt. Im Gegenteil, die farbenfrohen Papageien lieben es, ihr freundliches „Hallo“ immer und immer wieder zu krächzen. Auch wenn jede Traumreise irgendwann zu Ende geht, lässt sie sich im Tropica zumindest ein wenig verlängern. Bei einem Streifzug durch die Gärtnerei mit unzähligen Pflanzen findet sich sicher ein Mitbringsel für zu Hause. Auch wahre Raritäten gibt es zu entdecken, und glücklich schätzt sich so mancher Sammler, der eines der seltenen Exemplare ergattern konnte. Ein ungewöhnliches Blatt, die Panaschierung, erklärt der Fachmann, reiche manchmal schon, um aus einer Zimmerpflanze ein echtes Schätzchen zu machen. Als schöne Erinnerung an den Kurztrip nach Teneriffa, die Insel der Glückseligen, wandert vielleicht auch eine Strelitzia in den Einkaufswagen.

- Tropica Raritätengärtnerei, Am Holzweg 17–21, 65830 Kriftel, Tel. (0 61 92) 9 97 90
www.tropica-kriftel.de
- ÖPNV: S2, Haltestelle Kriftel

# Sonne im Herzen

## 3 Das Laden-Café Sonnenschein in Kelkheim

Über den Stuhllehnen hängen kuschelweiche Decken. Doch die braucht niemand, wenn die Sonne schon über dem Platz am Brunnen in Kelkheim liegt. Die Gäste an den kleinen weißen Tischen werden von ihren Strahlen gewärmt. So macht das Laden-Café seinem Namen alle Ehre: Sonnenschein.
Dabei steht der eigentliche Sonnenschein, Tochter Anastasia, heute mit Mutter Ana hinter der Theke. Ihr sei der Name für das Café zu verdanken, erzählt die Mutter stolz, ein Glücksgriff, kein treffenderer Name hätte den beiden Frauen einfallen können. In diesem Laden-Café ist die Lebensfreude zu Hause. Die ersten Gäste, zwei Radler, würden so gern schon einen Kaffee trinken, obwohl erst in ein paar Minuten geöffnet wird – kein Problem. Zwei Stücke Schokotorte, ein Heidelbeertartelette und bitte eine dicke frische Waffel mit viel Puderzucker – kommt sofort! Die Blumen auf der Tafel müssen noch hübsch arrangiert werden für die Familienfeier, die gleich startet – macht sie selbst. Ana ist hier und da und überall, sagt an jedem Tisch Hallo, freut sich von Herzen über jeden Gast, ganz klein, klein und groß.
Es ist genauso geworden, wie sie es sich vorgestellt hat, vor fast 10 Jahren, als aus der Bankerin eine Geschäftsfrau wurde. Ein Café müsste es sein, in dem sich jeder, vor allem aber Kinder wohlfühlen, ein Ort wie ein Zuhause. Dazu tragen das Spielhäuschen und die Rutsche mitten im Laden-Café ebenso bei wie die Lampen im Kaffeekannendesign und das altmodische Sofa mit den vielen Kissen. Dazu zum Verkauf echte Lieblingsstücke in den Regalen, Kuscheltiere, Holzbretter, Tortenplatten, vieles handgefertigt und umweltfreundlich, das ist Ana Hampf besonders wichtig. Ihre Kuchen backt sie nach Feierabend, wenn Ruhe ist. Und wenn ganz viel Zeit ist, dann zaubert sie den Honigkuchen aus ihrer kroatischen Heimat, fünf Schichten, eine feine Creme, ganz viel Liebe. Und eine große Portion Sonnenschein.

---

- Sonnenschein Laden-Café, Frankenallee 24, 65779 Kelkheim, Tel. (0 61 95) 9 75 81 12, www.sonnenschein-kelkheim.de
- ÖPNV: Bus 263, 804, 806, Haltestelle Stadtmitte

Tap Tap Art
rice

# Frisch vom Feld

## 4 Die Erdbeermeile in Kriftel

Mitte April kann man schon den ersten Gedanken wagen. Aber es braucht noch etwas Geduld, mindestens 3, eher 4 Wochen. Das Wetter muss mitspielen, es darf nicht zu kalt sein, um Himmels Willen, und keinen Frost in den Nächten geben. Es darf nicht zu viel regnen, aber zu trocken darf es auch nicht sein. Und die Sonne muss kräftig scheinen. Dann ist es endlich so weit: Die ersten Krifteler Erdbeeren sind da!

Nicht ohne Grund wird die kleine Gemeinde Kriftel als Obstgarten des Vordertaunus bezeichnet. In dem lehmigen Boden gedeihen die Früchte, die biologisch in Wahrheit getarnte Nüsse sind, besonders gut. Dazu ist das Krifteler Klima vor den Taunushöhen mild. Wer einmal Krifteler Erdbeeren gegessen hat, möchte keine anderen mehr in seinem Körbchen, denn hier kommen sie direkt vom Feld. Frühmorgens schon pflücken sich die fleißigen Erntehelfer die Reihen entlang, legen vorsichtig Erdbeere um Erdbeere ins Schälchen. Entlang der Erdbeermeile an der Alten Elisabethenstraße in Richtung Hofheim-Nord stehen die Verkaufsstände. Auch der Stand von Karl-Heinz Hasenbach vom Obsthof an der Kirche in Kriftel. Seit 1956 ist der Betrieb in Familienhand. Daroyal – natürlich! – heißt eine der Sorten, die er auf seinen Feldern bestellt. Dunkelrot und weich im Fleisch, wunderbar aromatisch süß. Wer in eine Erdbeere beißt, die Augen schließt, schmeckt ein blumiges Aroma, manchmal eine leichte Karamellnote und immer ganz viel Frühlingsglück.

Die ersten Körbchen mit den frühen Erdbeeren haben zwar ihren stolzen Preis. Aber das Geschmackserlebnis ist jeden Cent wert. Über die nächsten Tage und Wochen fällt dann der Preis. Und gegen Ende der Saison, wenn die Früchte am günstigsten zu haben sind, wird es Zeit, große Mengen einzukaufen, um Marmelade einzukochen. Ist der Geschmack eingefangen ins Weckglas, lässt sich die Zeit einigermaßen gut überbrücken, bis man Mitte April den ersten vorsichtigen Gedanken an die neuen Erdbeeren wagen kann.

● Krifteler Erdbeermeile, Direktverkauf an den Ständen entlang der L3018 zwischen Zeilsheim und Hofheim, 65830 Kriftel

Erdbeeren 500 g 3,50 €
Johannisbeeren 500 g €
Brombeeren 250 g €
Himbeeren 250 g €
Stachelbeeren 500 g €
Süßkirschen 500 g €

# Von Ahorn, Buche & Co.

## 5 Auf dem Waldlehrpfad in Eppstein

Emil, ein frecher kleiner Waldkauz, führt entlang des Waldlehrpfads „Wahnsinn Waldsinn" in Eppstein-Bremthal. Eine Runde von gut 3 Kilometern ist zu bewältigen, nicht zu viel für einen Familienausflug, aber auch nicht zu wenig, wenn Kind und Kegel sich auf den Weg machen. Der Pfad geht über Stock, Stein und Stämme – eine abwechslungsreiche Tour für Kleine, Große und ganz Große. Es ist ein Rundweg, bei dem alle Sinne angesprochen werden. Und er ist mit viel Liebe und Gespür für Details gestaltet.

Erst mal will Emil wissen, mit wem er es zu tun hat: Waldexperte oder Waldneuling? Blätter von Buche, Birke, Eiche und Erle sollen zugeordnet werden, lautet die erste Aufgabe. Nichts leichter als das. Doch bei der Elsbeere, eigentlich ein typischer Waldbaum, fangen die Zweifel an. Aber Emil weiß Rat und so geht es weiter auf dem Weg, mit jedem Schritt ein bisschen besser informiert. Viele Mitmachaktionen warten auf die Waldbesucher: ein Xylophon aus Stämmen, ein Baumtelefon, Hörtrichter und Guckröhren. Immer wieder gibt es auch Interessantes für erwachsene Waldbesucher, zum Erzabbau in Bremthal etwa. Und zwischendurch kleine Herausforderungen, wie über Bäume zu balancieren wie die Eichhörnchen, um sich vor den hungrigen Füchsen zu retten. Auch ein Waldklassenzimmer ist eingerichtet: Hier können Eltern und Kinder zusammen eine Geschichte nachspielen, die auf einer Tafel beschrieben ist. Eine Rast kann in der Schutzhütte gut auf der Hälfte der Wegstrecke gemacht werden.

Fast am Ziel angekommen, wartet noch ein besonderer Spaß für Kinder: Wichtel finden. Die kleinen Kerle verstecken sich einfach überall, an den Stämmen, zwischen Ästen und Baumstümpfen. Ist da nicht einer mit einer astlangen Pinocchio-Nase? Dort einer mit finsterem Rinden-Augenbrauen-Blick? Hab dich!

**TIPP**

Auf der anderen Straßenseite liegt der 5 Kilometer lange Obstwiesenpfad Bremthaler Streuobstrunde.

- Waldlehrpfad Eppstein-Bremthal, an der L3017, 65817 Eppstein
  www.naturpark-taunus.de
- ÖPNV: Bus 20, Haltestelle Waldallee, ca. 600 Meter Fußweg

VAUDE

# Eine glasklare Sache

## 6 Die Genussdiele „unverpackt" in Neu-Anspach

Hier kommt nichts in die Tüte. Kürbiskerne, Reis, Linsen, Sojaflocken, Müsli – all das wird in Gläser gefüllt, von zu Hause mitgebracht oder im Laden erstanden. In ihrer kleinen Welt, hier in der Genussdiele in Neu-Anspach, will Christina Gosejacob das tun, was sie tun kann, um das Leben ein bisschen besser zu machen. Unverpackt ist daher ihr Motto.

Dabei geht es ihr nicht nur darum, dass die Leute beim Einkauf keinen Müll produzieren. Ihr Herz schlägt ganz besonders auch für regionale Produkte, und so finden sich Seife aus Neu-Anspach, Honig aus Weilrod und Nudeln vom Berghof Moos in Brombach im Sortiment. Auch verschiedene Spülmittel gibt es zum Abfüllen. Alles in allem ein feines, aber gar nicht kleines Sortiment, das sich auch an den Kundenwünschen orientiert – Abstimmung mit Gläsern sozusagen. Und niemand muss kaufen, ohne vorher probiert zu haben, seien es Kekse für Kinder oder die würzige Nussmischung. Das ist ein weiterer Vorteil im Unverpacktladen. Beratung gibt es immer auch mit dazu. Gern verrät die Naturliebhaberin ihren Kunden beispielsweise ihre persönliche Mischung für den weltbesten Reiniger.

Dazu bietet die Mutter von drei Kindern einen besonderen Service an: Korb mit Gefäßen und Einkaufszettel am Tresen abgeben, an einem der Tischchen drinnen oder draußen Platz nehmen, in aller Ruhe einen Kaffee trinken und vielleicht ein Stück Kuchen oder eine der beliebten Bubble Waffeln dazu genießen – und danach den prall gefüllten Korb mit nach Hause nehmen. Welch ein Glücksmoment. Wer in den Unverpackt-Laden geht, kommt auf keinen Fall an der Eistheke vorbei. 24 Sorten Milcheis in den wunderschönsten Farben sind im Angebot. Dabei gibt es auch hier nur Natur pur. Steht Gries und Zimt auf dem Schildchen, ist genau das auch drin in der Kugel; erfrischende Minze trifft Himbeere, und Zitrone schmeckt wie gerade frisch gepresst. Auch Besonderheiten gibt es: Matcha mit weißer Schokolade oder gar Grüne-Soße-Eis. Das kommt alles in die Waffeltüte.

- Genussdiele „unverpackt", Konrad-Adenauer-Straße 8, 61267 Neu-Anspach, Tel. (0 60 81) 4 63 91 33, www.genussdiele-unverpackt.de
- ÖPNV: Bus 69, 82, Haltestelle Bürgerhaus

Dementier Dinkel
Rübli Kekse
Vegan
L082

# Großer kleiner Bahnhof

## 7 Der Dampfbahnclub Taunus in Oberursel

Vorsicht an Gleis 1, in Kürze fährt ein: die Dampflok OBERURSEL. Wer mitfahren möchte, möge einsteigen, der Kontrolleur überprüft die Fahrkarten, der Lokführer legt noch ein paar Stückchen Kohle nach und dann geht die Fahrt los. Das Gedränge am Bahnsteig ist groß, viele Erwachsene wollen mit und noch mehr Kinder. Die Wagen sind bis auf den letzten Platz besetzt, die Stimmung ist ausgelassen.

So entspannt und gemütlich geht's nur am Bahnhof des Dampfbahnclubs Taunus in Oberursel zu. An jedem zweiten Sonntag im Monat ist in der Saison Fahrtag, für die Besucher heißt das: Echtdampf in 5 und 7,25 Zoll Spurweite und Eisenbahnliebe zum Anfassen. Platz wird rittlings auf den Wagen genommen, dann fährt die Lok rund 2 Kilometer über das Gelände, dazu braucht sie gut 4 Minuten. Es geht pfeifend, ratternd und schnaubend vorbei an Bäumen und Sträuchern, durch einen Tunnel und über eine Brücke. Während der Fahrt legt der Lokführer immer mal Kohle nach und lässt Dampf ab wie in alten Zeiten.

Angedampft wird immer im April, abgedampft im Oktober. Zum Gelände gehören auch Drehscheibe, Tunnel, Brücke und Abstellgleise. Alles an, auf und um die Anlage herum ist in liebevoller Handarbeit der Vereinsmitglieder entstanden. In den originalgetreuen Lokomotiven im Fuhrpark stecken Hunderte Arbeitsstunden. Seit 1977 gibt es die Dampfbahnfreunde, schon 1 Jahr später erfüllte sich ihr Traum von einer eigenen Anlage an der Mainstraße. Nicht immer lief es rund, der Verein musste weichen, neu bauen – glücklicherweise aber nur einen Katzensprung entfernt. Den Menschen, vor allem den Kindern das prägende Zeitalter der Dampftechnik näherzubringen, ist den Mitgliedern eine Herzensangelegenheit.

Die OBERURSEL hat ihre Rundfahrt beendet, bitte alle aussteigen. Wer noch nicht genug hat, löst direkt das nächste Ticket oder schaut sich die Lehmann-Garten-Bahn, eine Modellbahn, an. Hier ist die kleinste die größte – und hat auch ganz schön Dampf drauf.

- Dampfbahnclub Taunus e.V., Mainstraße 25, 61440 Oberursel
  www.dbc-taunus.de
- ÖPNV: U3, Haltestelle Lahnstraße, ca. 700 Meter Fußweg

# Ein Apfel am Tag

## 8 Zur Ernte auf der Streuobstwiese in Hofheim

Es stimmt schon, weit fällt der Apfel nicht vom Stamm. Die Arbeitsteilung ist so einfach wie genial: Das Kind hockt oben im Baum, rüttelt und schüttelt kräftig an den Ästen, und der Vater liest die Ernte direkt in den Eimer. Das funktioniert der braunen Stellen wegen aber nur mit Äpfeln, die zu Saft gekeltert oder zu Mus verkocht werden.
Jedes Jahr im September lädt der Main-Taunus-Streuobst-Verein zum Familienerntetag auf der Streuobstwiese ein. Bei blauem Himmel und klarer, frischer Luft kommen alle mit Kind, Kegel und Korb. Und in ihren Gesichtern steht geschrieben: Das Leben ist gerade wunderschön, das Herz weit und voller Glück. Streuobstwiesen sind ein Stück Taunusheimat, die Ansammlung von Obstbäumen unterschiedlichen Alters und verschiedener Sorten ist ganz typisch für die Region. Die Vereinsmitglieder hegen und pflegen und erhalten die Apfelbäume, vor allem auch die alten Sorten.
Schüttelstangen, Rüttler, Leitern und Folien werden gestellt. Und einen wichtigen Hinweis gibt Nicola Böye vom Streuobst-Verein den Besucherinnen und Besuchern noch mit auf den Weg: Es ist ganz und gar nicht verboten, die Früchte vom Baum zu probieren, im Gegenteil. Hier soll niemand den Apfel im Sack nach Hause tragen. Emsig wird Apfel um Apfel gesammelt, nach und nach werden die Körbe voll und voller. So machen sich die ersten kleinen Erntehelfer auf zur Handkelter, um zu erleben, wie aus ihren Äpfeln Saft gepresst wird, der genau so heißt, wie er schmeckt: Süßer. Zwischendurch ist Zeit, um eine Picknickdecke am knorzigen Stamm vom Horneburger Pfannekuchen, dem Roten Herbstkalvill oder Bittenfelder Purpur auszubreiten und zu rasten.
Wer genug hat, lässt seine Ernte wiegen, zahlt pro Kilogramm einen symbolischen Beitrag zur Pflege der Streuobstwiesen und geht nach Hause in der Vorfreude, was alles aus den Äpfeln werden wird: Apfelmus, Apfelkuchen, Apfel-Crumble, Apfel-Chutney, Äpfel satt. Und im Handumdrehen riecht das ganze Haus nach Herbst.

**TIPP**

Die Familienerntetage werden meist ab 1. September auf der Homepage des Vereins bekannt gegeben.

● Main-Taunus Naturlandschaft und Streuobst e.V., Am Kreishaus 1–5, 65719 Hofheim, www.streuobst-mtk.de

# Von oben herab

## 9 Die Burg in Altweilnau

„Und dann", erklärte Pippi Langstrumpf, „muss man ja auch noch Zeit haben, einfach dazusitzen und vor sich hin zu schauen." Der rechte Fleck dafür könnte hier sein, auf der breiten, gemütlichen Himmelsliege am Fuße der Burg und über den Dächern von Weilrod-Altweilnau. Hier gelingt es, die Stille zu genießen, die Seele baumeln zu lassen – und vor sich hin zu schauen. Diese Aussicht von oben über das Weiltal ist aber auch traumhaft schön.

Der Weg zum Burggelände führt zunächst an einigen malerischen Fachwerkhäusern vorbei durch den Torturm. Mit seinen 26 Metern Höhe und dem markanten Schiefer-Walmdach ist der gotische Turm aus dem Jahre 1340 wahrlich beeindruckend. Fast erwartet man, wie früher von einer Burgwacht angehalten und nach des Weges Ziel gefragt zu werden. Durch ein Tor, das morgens geöffnet und abends geschlossen wird, geht es schließlich die verwitterten Steinstufen zur Burganlage hinauf. Die Burg wurde um das Jahr 1200 erbaut von den Grafen von Diez, später dann von Weilnau; bewohnt wurde sie von den Grafen und ihren Bediensteten sicher bis 1563. Heute noch erhalten sind außer dem Torturm die Ringmauer und der knapp 18 Meter hohe Bergfried.

Der Bergfried-Aufstieg ist ein wenig mühsam, aber er lohnt sich. 82 Stufen müssen bewältigt werden, zunächst geht es die Wendeltreppe außen am Fried hinauf, dann führt eine enge Steintreppe im Inneren weiter nach oben und schließlich noch die gusseiserne Wendeltreppe, bis die Aussichtsplattform erreicht ist. In 16 Metern Höhe gibt es dann einen Rundblick über das Weiltal und Altweilnau, das Nassauer Schloss im Nachbarort Neuweilnau sowie im Südsüdosten bis zum Pferdskopf bei Treisberg. An die Tradition der Kloster- und Burgenkräutergärten knüpft das Gärtchen am Rande der Burg an. Hier wachsen Melisse und Minze, Sauerampfer und Salbei, Lavendel und Liebstöckel und viele heilsame Kräuter mehr, liebevoll gepflegt vom Kultur- und Förderkreis Burg Altweilnau e.V. Zum Verweilen gibt es auf dem Gelände Sitzbänke und Tische.

TIPP

Auf dem Weg zur Burg steht die Bronzefigur der Bettelfrau, deren Sage auf einer Tafel erzählt wird.

- Burg Altweilnau, Burgweg, 61276 Weilrod, Tel. (0 60 83) 94 02 80 (April bis Oktober, sonst nach Anmeldung)
- ÖPNV: diverse Buslinien, Haltestelle Egertshammer

# Im Kreis unterwegs

## 10 Das Labyrinth in Flörsheim

Um vorweg mit einem Trugschluss aufzuräumen: Ein Labyrinth ist kein Irrgarten. Es gibt keine Sackgassen, keine Kreuzungen oder Verzweigungen, keine falschen Fährten, die den Orientierungssinn täuschen. Im Labyrinth gibt es nur einen Weg – und der führt zur Mitte. Ein verwittertes Schild weist die Richtung zum Labyrinth in den Weinbergen von Flörsheim-Wicker. Entdecken wird es nur, wer mit offenen Augen unterwegs ist. Entlang eines schmalen Pfads durch Büsche und Hecken liegt es plötzlich da: als Kreis aus großen, schweren Sandsteinen. Wer hier ankommt, sollte sich Zeit nehmen, denn der Platz ist einmalig. Im Rücken die Flörsheimer Warte, ursprünglich einer der vier Wachtürme entlang der Kasteler Landwehr. Heute ist die Warte ein beliebtes Ausflugsziel mit hessischer Wirtschaft. Nach vorne geht der Blick zur Kriegergedächtniskapelle, einem schlichten Kirchlein mit einem zauberhaften Schiefergiebel. In diesem Spannungsfeld zwischen Trubel und Ruhe liegt das Labyrinth. Das Wickerer Exemplar zählt zu den Klassikern, das heißt, es ist konzentrisch angelegt. Es gibt gemäß der griechischen Urform sieben Umgänge und vier Achsen. Insgesamt hat das Labyrinth einen Durchmesser von rund 13 Metern.

**TIPP**
Handkäs mit Fernblick: An der Warte gibt es hessische Spezialitäten und eine schöne Aussicht.

Ein Schild verrät: Die Katholische junge Gemeinde Wicker hat dieses Naturkunstwerk in einer 72-Stunden-Aktion geschaffen; Ideengeberin war Berthilde Enders. Das war tatsächlich schon im Jahr 2011. Seitdem wird das Labyrinth gepflegt, aber auch ein Stück weit sich selbst überlassen. Und das ist gut so, denn die Brocken sind mittlerweile unverrückbar mit der Natur verwachsen. Kinder laufen hier einfach mit Spaß drauflos. Dabei stellen sie unterwegs schnell erstaunt fest: Das Ziel ist nah, doch der Weg dorthin länger als gedacht. 750 Meter Strecke werden bis zum Mittelpunkt zurückgelegt. Die Erwachsenen nehmen sich gern die Zeit, achtsam die geschlungenen Pfade zu gehen. Und wer angekommen ist, stellt fest: Der Weg hinein führt auch wieder heraus. Vielleicht mit neuer Energie.

- Labyrinth Flörsheim-Wicker, Landwehrweg, 65439 Flörsheim
- ÖPNV: Bus 809, 817, 819, 820, Haltestelle Flörsheimer Straße; ab Warte bergab in Richtung Kapelle, rechts auf der Wiese

# Farbe im Spiel

## 11 Das Hundertwasserhaus in Bad Soden

Trübe Gedanken, nein, präziser ausgedrückt rechtwinklige Gedanken, sind heute tabu! Denn menschliche, freundliche, heitere Geister hat sich Friedensreich Hundertwasser für sein Haus in der Bad Sodener Altstadt gewünscht. Nichts leichter als das. Beim Blick auf die dunkelbunte, ringelgrüne, kugelrote Scherbenkeramik hebt sich die Laune wie von selbst, steigt die Glückskurve an: Das Leben ist einfach schön. Kurven und Spiralen, kleine, große, schiefe Fenster; Kugeln und Säulen und ein 30 Meter hoher, neunstöckiger Turm – wie ein Zauberschloss steht es vor einem. Wie gern würde man die 17 „Häuser im Haus" erkunden, hier noch ein Ornament entdecken, dort ein kleines Mosaik. Aber der Zugang ist leider verwehrt, nur den Bewohnern des Hundertwasserhauses bleibt das gesamte Kunstwerk vorbehalten.

**TIPP**

Gegenüber im Park steht Sodenia, Heilquellenwahrzeichen, auf einem Sockel über dem Solebrunnen.

Doch gemütlich lässt es sich um das ungewöhnliche Kunstobjekt zwischen Quellenpark und Wilhelmspark herumspazieren. Es braucht Zeit, all die Spielereien Hundertwassers an dem Gebäude zu entdecken. Sieht das nicht aus, als liefe ein türkisfarbener Fluss die Fassade herab? Wie viele Schattierungen von Lila gibt es? Und schweben die goldenen Kugeln tatsächlich? Die kunterbunten, unkonventionellen Ideen des österreichischen Künstlers hat der Architekt Peter Pelikan in eine baufähige Form umgesetzt. Nichts folgt hier den Normen und Zwängen der Architektur. Grundsteinlegung war im November 1990. Da das Hundertwasserhaus auf dem Quellgebiet der Solquelle gebaut wurde, konnte keine Baugrube errichtet werden. So steht es auf 251 Betonpfählen, die im Grundwasser auf dem Felsen verankert sind.

Ein besonderes Merkmal des Bad Sodener Hundertwasserhauses ist das üppige Grün ringsum, mit, von und in dem das Haus zu leben scheint. So gestaltet die Natur Tag für Tag mit an dem einzigartigen Kunstwerk und lässt es im Lauf der Jahreszeiten immer wieder neu und anders erscheinen. Schickt es in einen tiefen Winterschlaf und lässt es im Frühling strahlend erwachen. Ein Märchenschloss eben.

- Hundertwasserhaus, Zum Quellenpark 38, 65812 Bad Soden
- ÖPNV: S3, Haltestelle Bad Soden, ca. 700 Meter Fußweg

# Herz aus Schokolade

12

## Der Laden Chocolat Plus in Bad Homburg

Die Morgensonne strahlt und hat die Menschen schon zeitig auf die Straßen gelockt. Gut gelaunt bummeln sie an den Geschäften vorbei. Daniel Schwaabe sitzt auf der Fensterbank vor seinem kleinen Laden, ein Tablett mit einer Tasse Kaffee neben sich, ein Buch in der Hand. Immer wieder blickt er auf, grüßt hier, scherzt da, ja, ein wunderbarer Tag sei das heute, bemerkt er. Wobei – eigentlich ist für ihn jeder Tag ein wunderbarer Tag. Daniel Schwaabe tut, was er liebt, und er liebt, was er tut – Schokolade verkaufen nämlich. Im Chocolat Plus in der Bad Homburger Innenstadt, einer kleinen Boutique mit erstklassiger Auswahl, altem Charme und ganz viel Flair.

Wer das Schokoladen-Paradies betritt, kann sich in aller Seelenruhe umschauen. Es gibt viel zu entdecken: die so schnodderig in Umschlagpapier verpackte Bitterschokolade von Hamann aus Berlin, die Tiroler Edlen mit Preiselbeeren oder Heidelbeeren, die silbrig schimmernden Sardinen und die grün glänzenden Olivendragees. In Bad Homburg ist die Welt zu Gast: Dänemark, England, Belgien, Italien, Schweiz, Kolumbien – die Schokolade kommt von überallher, kleine, feine, ausgewählte Mengen. Zu jedem Stück kann der Schokoladenmann eine Geschichte erzählen. Die von den drei alten Damen aus Kalabrien etwa, die zunächst Früchte kandierten und heute, im hohen Alter, Schokolade herstellen. Und dann ist da auch noch die Glasvitrine mit den Pralinen, jede einzelne ein kleines Stück Schokoladenglück.

Wer sich unsicher ist, darf kosten. „Genießen Sie", sagt Daniel Schwaabe dann und bittet dafür um einen Obolus. Mit dem Geld unterstützt er seit vielen Jahren einen integrativen Kindergarten. Immer wieder kommen Kunden und fragen nach den „Kurschatten". Das sind zart schmelzende Trüffel, umhüllt mit Madagaskar-Kakao, die eigens kreierte Spezialität des Hauses. Wenn es im Sommer zu heiß wird für die Schokolade, dann sperrt Daniel Schwaabe seine braune Ladentür ab und geht mit seiner Frau, die er in der Boutique kennengelernt hat, auf Reisen. Für ihn ist das Glück perfekt.

TIPP

Blick auf den Weißen Turm, Bergfried und Wahrzeichen Bad Homburgs, mitten im schönen Schlosspark.

● Chocolat Plus, Schulberg 8, 63148 Bad Homburg, Tel. (0 61 72) 92 33 16
www.chocolat-plus.de
● ÖPNV: diverse Buslinien, Haltestelle Markt

CIOCCOLATO CACAO CARAMELLE
Frisch
Heiße Schokolade mit Chili 2,90
Cappuccino 2,40
Espresso 1,90
CACAO
FAEMA
CHOCOLAT Plus
HOFFNUNG
Bad Homburger Kurschatten
7,99
Coco

# Im Auftrag Ihrer Majestät

13

## Das Königin-Victoria-Denkmal in Hochheim

Glücklich war sie hier, an diesem Ort: Königin Victoria von England. Glücklich mit ihrem geliebten Albert, dem deutschen Prinzgemahl. Und glücklich, auf ihrer Rheinreise im Jahre 1845 mehr zu erfahren über den Hochheimer Wein, der ihr so mundete. Den Hock, wie sie ihn nannte. So verkostete die Besucherin aus dem Königreich im „schönsten und besten Weinberg" der Gemarkung, der Dechantenruhe, den edlen Tropfen. Es sind die legendären Worte einer legendären Königin: „A good Hock keeps off the doc." Womit Ihre Majestät zum Ausdruck bringen wollte, dass sie auf den täglichen Apfel zur Gesunderhaltung verzichte und sich dafür lieber ein Gläschen Hochheimer Wein bei Hofe kredenzen ließ.

Heute thront am sonnigen Hang über dem Main, mitten im Weinberg und weithin sichtbar, das imposante, gut 7 Meter hohe Königin-Victoria-Denkmal. Nachempfunden ist es einer Zinne von Schloss Windsor, das ehedem Hauptresidenz von Victoria und Albert war. Nach der Stippvisite Ihrer Majestät erbat sich Weingutbesitzer Georg Papstmann umgehend von der britischen Krone die Erlaubnis, den besuchten Weinberg Königin Victoriaberg nennen zu dürfen. Und so erinnert seit 1854 das Sandsteinmonument im Tudorstil an die Königin und ihren Besuch. Vorder- und Rückseite sind gestaltet, es trägt auch das königliche Wappen mit Löwe und Einhorn.

TIPP

Im Weingut Flick in Flörsheim sind Weine aus der Monopollage Königin Victoriaberg erhältlich.

Die Aussicht von hier oben ist wunderschön – auf die Weinberge, heute Weinlage Königin Victoriaberg, klein zwar, aber umso feiner, und auf den Main, der unbeeindruckt still vor sich hinzieht. Das Denkmal ist Teil des Weinerlebniswegs Oberer Rheingau, entlang dessen sich die Wein- und Kulturlandschaft der Region erkunden lässt. Im Vorübergehen erfahren Wanderer, warum der Wein aus der Gegend so schmeckt, wie er schmeckt, und wie er seinen Weltruhm begründete. Zu den bekanntesten Weinbaulagen zählt der Königin Victoriaberg bis heute. Das Weingut Flick bewirtschaftet die Lage und das Etikett trägt im Auftrag Ihrer Majestät weiter das Wappen des englischen Königshauses.

- Königin-Victoria-Denkmal, in den Weinbergen am Mainufer, 65239 Hochheim
- ÖPNV: Bus 809, Haltestelle Flörsheimer Straße, ca. 850 Meter Fußweg

WINDSOR
CASTLE
V. DEC. MDCCCL

# Spiel's noch einmal!

## 14 Das Kino CasaBlanca Art House in Bad Soden

Ein nebliges Rollfeld, ein Mann und eine Frau. Die Entscheidung, was wird aus uns? – „Uns bleibt immer noch Paris." CasaBlanca, nach dem gleichnamigen Film mit Humphrey Bogart und Ingrid Bergmann, heißt das kleine, feine Bad Sodener Programmkino. Genau so muss sich ein Kino anfühlen (plüschige rot-blaue Loveseats), so muss es aussehen (schwerer Vorhang, ein Klavier auf der Bühne, gedämpftes Licht, gediegene Atmosphäre), so muss es riechen (nach warmem Popcorn) – ganz großes Kino eben.

Das CasaBlanca gehört zu Bad Soden wie der Park und die Quellen, und genauso wechselhaft ist seine Geschichte. Dafür, dass es nur noch bergauf geht, sorgt Geschäftsführer Javier Lozano zusammen mit Irene Bräuninger und Alf Meyer. Sie haben die Köpfe voller Ideen, um das CasaBlanca weiterzuentwickeln, und haben das Weiße Haus zu einem Art House gemacht. Will heißen: Natürlich laufen hier Filme, mit Sinn, Verstand und vor allem großem Filmherz ausgesucht; auch Dokumentationen, für die es viel zu wenig Aufmerksamkeit gibt, wie Javier Lozano findet. Aber es wird noch mehr geboten: Lesungen, Diskussionsforen, Musik, Kabarett, natürlich handverlesen, all das gehört auch zum Programm und macht das CasaBlanca zu einem Ort der vielen Künste.

Und dann ist da noch die kleine Bar im Kino. Dort können Eltern entspannt sitzen und einen Kaffee trinken, während die Kinder gebannt ihre Leinwandhelden verfolgen. Vor und nach dem Kino gibt es kühle Getränke und die schon legendären CasaBlanca-Tapas. Nun sollte man meinen, das alles reiche schon, um ein Glücksort zu sein. Aber Javier Lozano und sein Team haben offenbar das Glück für ihr Haus gepachtet – denn es gehört noch ein wunderschöner Innenhof zum Kino. Der Blauregen rankt vom Dach herab, Efeu klettert an der Wand, eine kleine Welt für sich. Wenn es Sommer ist in Bad Soden, dann nehmen die Kinogäste an kleinen weißen Tischchen Platz, Fingerfood und kühle Getränke werden serviert, Kopfhörer auf – und Film ab. Uns bleibt immer das CasaBlanca.

- CasaBlanca Art House, Zum Quellenpark 2, 65812 Bad Soden, Tel. (0 61 96) 9 21 67 00, www.casablanca-badsoden.de
- ÖPNV: S3, Haltestelle Bad Soden

# Abstecher ans Meer

## 15 cosmetique in Hofheim

Von Hofheim schafft man es in weniger als 5 Minuten an die Côte d'Azur. So lange braucht Susanne Heigenmooser, um einen dampfenden Tee zu bringen, die Kuscheldecke zu richten und die Kundin auf das einzustimmen, was sie in den kommenden 2 Stunden erwartet: Entspannung pur bei einem Kurztrip ans Meer.

Hautpflegeprodukte auf Basis von Algen und Meeresextrakten setzt Susanne Heigenmooser nämlich gern in ihren Behandlungen ein. Sie ist TCM-Therapeutin und Medical Wellness Coach und als „eine Vollblut-Kosmetikerin" seit vielen Jahren im Geschäft. Den Laden in dem hübschen Fachwerkhäuschen am Burggraben hat sie vor rund 10 Jahren von ihrer Mutter übernommen, die wiederum mit cosmetique 25 Jahre lang einen Stammplatz in der Hofheimer Innenstadt hatte. Zuvor ist Susanne Heigenmooser einmal um die Welt gereist und hat Erfahrungen gesammelt, die sie ins Mutter-Tochter-Geschäft mitbrachte. Es geht ihr vor allem darum, Wirksamkeit mit Wohlbefinden zu verbinden. Und seit jeher ist bekannt, dass das Meer Körper, Geist und Seele belebt, heilt und einfach glücklich macht.

So startet sie die Behandlung gern mit einem Ganzkörperpeeling, um den Menschen wirklich von Kopf bis Fuß zu erreichen und auf eine Sinnesreise zu schicken. Eine Meersalzmischung entfernt abgestorbene Hautschüppchen. Während der anschließenden Gesichtsbehandlung versprüht sie immer wieder einen Hauch von Meeresbrise: ein Meerwasser, das reich ist an 92 Mineralien und Spurenelementen. Je nach Hauttyp wird mit verschiedenen Produkten gearbeitet, immer enthalten: die Alge. Susanne Heigenmooser arbeitet ganzheitlich. Ihr Credo: Entscheidend für natürliche Schönheit, Gesundheit und Wohlbefinden sind die innere Balance und der Energiefluss. Und spätestens dann, wenn die Finger mit sanftem Druck das Gesicht massieren, sich ein bisschen so wie sanfte Wellen hin und her bewegen, fühlt sich der feine Sandstrand an der Côte d'Azur tatsächlich zum Greifen nahe an.

- cosmetique Susanne Heigenmooser, Burggrabenstraße 22, 65719 Hofheim, Tel. (0 61 92) 66 61, www.cosmetique-hofheim.de
- ÖPNV: S2, Haltestelle Hofheim, ca. 450 Meter Fußweg

# Schätze der Natur

## 16 Die Kräuterschule in Wehrheim

Auf dem Holztisch im Garten steht ein herrlicher Wiesenstrauß, bunt und wild wie die Natur. Möhre, Zitronenmelisse, Lavendel, Margeriten – nicht nur hübsch anzuschauen, sondern auch essbar. Die Blüten, die Wurzeln, die Samen können verwendet werden, erklärt Regine Ebert. Sie ist Kräuterfrau und leitet die Kräuterschule Taunus in Wehrheim. Ganz idyllisch liegt die Kräuterschule am Dorfrand, umgeben von Wald und Wiesen, ein wenig versteckt das gelbe Häuschen inmitten von ganz viel Grün. Ein magischer Platz zum Lernen, Genießen und Abschalten in und mit der Natur. Die üppig wachsende Brennnessel erkennt jeder sofort. Die Samen haben es in sich, verrät die Expertin, vollgepackt mit Mineralstoffen gelten sie als wahre Energiebringer. Superfood würde man wohl sagen. Die vielleicht weniger bekannten Kräuter im Garten haben ein Schildchen bekommen, das Mädesüß beispielsweise, der Engelwurz oder der Beinwell. Der Beinwell gehört zu Regine Eberts Lieblingskräutern, eine starke Heilpflanze für Knochen und Gelenke; ihm hat sie sogar ein Buch gewidmet. „Eigentlich haben wir in der Natur alles, was wir brauchen", verrät Regine Ebert – für die Heilkunde und die Hausapotheke ebenso wie für Küche und Kosmetik. Dieses Wissen, das teils aus der Antike stammt, gibt sie gern weiter in ihren Kursen zu Wildkräuter- und Pflanzenheilkunde, in Kräuterführungen und Seminaren. Die Kräuter, erläutert sie, hätten es ihr leicht gemacht, einen Zugang zur Pflanzenheilkunde zu finden, als sie mit ihrer Ausbildung begann. Und dabei plötzlich festgestellt hat, dass diese Sehnsucht, die sie tief in sich spürte, in der Natur gestillt wird. Ganz einfach.

Um Kräuter zu sammeln, ist es wichtig, dass die Wiesen und Wege tatsächlich naturbelassen sind. Mit ihren Gruppen erkundet die Kräuterfrau beispielsweise gern die Gegend um die Saalburg, wo es noch einen alten Baumbestand gibt und eine große Kräutervielfalt. Im Frühjahr geht es um Blüten, im Herbst um Wurzeln – der Gabentisch der Natur hält alles bereit.

- Kräuterschule Taunus Regine Ebert, Herzbergstraße 14, 61273 Wehrheim, Tel. (0 69) 95 05 83 82, www.regine-ebert.de
- ÖPNV: Bus 5, 59, 63, Haltestelle Ortsmitte

alle Berge und Hügel sind Apotheken Gottes

# Café mit Charme

## 17 Die AVE Espressobar in Bad Soden

Ein echtes Schätzchen ist das Fachwerkhaus in der Clausstraße in Bad Soden. Rausgeputzt in Weiß mit roten Balken, dazu das tiefgezogene Dach – hier tritt man gern ein.
Die AVE Espressobar hat ihr Zuhause im zweitältesten Fachwerkhaus des Main-Taunus-Kreises – und Zuhause ist wörtlich gemeint. Wer durch die Tür geht, ist umfangen von Gemütlichkeit: Ave, sei gegrüßt! Der Kaffee, den Tomi Vrdoljak gleich im Eingangsbereich zubereitet, duftet himmlisch. Sein Geheimnis gibt der Chef und Barista nicht preis. Nur so viel: Die Bohnen stammen aus einer Mikro-Kaffeerösterei in Frankfurt mit Faible für besondere Rohkaffees. Dazu komme noch der Mahlgrad, die Wassertemperatur, das Wetter spiele eine Rolle, die Liebe zur Bohne – kurzum, Kaffee zubereiten ist Chefsache. Für die Kuchen, die in der Vitrine stehen, ist hingegen die Chefin zuständig. Martina Vrdoljak backt leidenschaftlich gern, am liebsten ihre vegane Matchatarte. Aber klassische Rezepte wie einen schönen Apfelkuchen hat sie ebenso im Repertoire. Den schätzen nämlich besonders die älteren Damen, die auf ein Tässchen Kaffee mit Kuchen ins AVE kommen.
Überhaupt, Alt und Jung, Tradition und Moderne, diese besondere Verbindung leben Martina und Tomi Vrdoljak in ihrer gemütlichen Espressobar. Die Wände sind ein wenig schief, ab und an muss der Gast den Kopf einziehen, um sich nicht an der Decke zu stoßen, aber genau das macht den Charme aus. Immerhin verraten die Jahresringe der verwendeten Baumstämme, dass sich das Gebäude nahezu im ersten Bauzustand des Jahres 1580 befindet. Bei schönem Wetter werden die großen weißen Sonnenschirme vor dem Wintergarten aufgespannt, so lässt sich das Bad Sodener Altstadtflair einen Steinwurf vom Kurpark entfernt genießen, vom Frühstück bis zum Nachmittagskaffee. Und wer nicht genug bekommen kann, kann sich einen Kuchen im Glas, den Martina kreiert hat, mit nach Hause nehmen. Bis zum nächsten Besuch im AVE.

TIPP

Im Alten Kurpark nebenan informiert das zum Museum umgestaltete Badehaus über die Stadtgeschichte.

● AVE Espressobar, Clausstraße 7, 65812 Bad Soden, Tel. (0 61 96) 5 23 96 55
www.ave-espressobar.com
● ÖPNV: S3, Haltestelle Bad Soden

AVE
1580
ESPRESSO
BAR

# Die Königin hält Hof

18

## Das Rosarium in Hattersheim

„Glück", heißt es in einem arabischen Sprichwort, „besteht in der Kunst, sich nicht zu ärgern, dass der Rosenstrauch Dornen trägt, sondern sich zu freuen, dass der Dornenstrauch Rosen trägt." Von diesem Glück gibt es in Hattersheim reichlich!

Mit der Sonne um die Wette strahlen die kleinen Blüten vom Gelben Kobold. Und tatsächlich noch winziger und zarter sind die blutroten Blütenblätter von Little Artist, während die Staubgefäße weiß und gelb sind – ein zauberhafter Kontrast. Auch herrschaftliche Edelrosen, rote, weiße, orangefarbene, halten selbstverständlich hier im Rosarium Hof. Betreten, nein, beschritten wird der üppige Garten durch eine Pyramide, deren Gerüst über und über mit Kletterrosen bewachsen ist. Alle Sinne werden in diesem Moment angesprochen: Die Rosen duften, zart zwar und gleichzeitig unglaublich intensiv; die Bienen summen zufrieden von Blütenkelch zu Blütenkelch; und Rosen sind zu sehen, so weit das Auge reicht. An die 6500 Rosen blühen und gedeihen im Rosarium, ungefähr 100 Sorten der Polyantha, Zwerg-, Floribunda-, Strauch-, Kletter- und Edelrosen entfalten ihre Pracht. Und das an jenem Ort an der Wasserwerkallee, der daran erinnern soll, dass sich bereits Ende des 19. Jahrhunderts Schnittrosen aus der Mainstadt auf in die ganze Welt machten. Manche sprechen heute noch von Hattersheim als Stadt der Rosen. Tradition verpflichtet: Eine neue Züchtung erhielt hier im Sommer 2000 den Namen Rosarium Hattersheim – eine pinkfarbene Kartoffelrose.

TIPP

Ein Naturdenkmal ist die Wasserwerkchaussee mit ihrem alten Lindenbestand und Kopfsteinpflaster.

Ein bisschen Zeit sollte man schon einplanen, um die wunderschön angelegten und gepflegten Beete zu erkunden und durch die Laubgänge zu wandeln. Bänke laden dazu ein, sich niederzulassen und den Anblick wirken zu lassen. Auch die treuen Begleiter der Rosen, ausgewählte Duft- und Gewürzstauden wie Lavendel, Ysop, Dost und Salbei, sowie Heilpflanzen wie Alant und Baldrian gibt es zu bestaunen. Und wer ein wenig Glück hat, sieht im Teich einen Frosch von Seerose zu Seerose schwimmen.

- Rosarium Hattersheim, Wasserwerksallee, 65795 Hattersheim
- ÖPNV: S1, Haltestelle Hattersheim, ca. 1 Kilometer Fußweg

# Ab durch die Mitte

## 19 Die Waldkugelbahn in Weilrod

Der Gedanke liegt nahe, dass die Bank, die da am Rande der Holzkugelbahn in Weilrod-Neuweilnau steht, für Mütter und Väter bestimmt ist, die ihre Zeit absitzen, während der Nachwuchs spielt. Von wegen! Hier will niemand eine ruhige Kugel schieben, denn diese Bahn macht allen Generationen viel Spaß. Kein Wunder. Ganze 85 Meter ist die Kugelbahn lang. Egal wie verregnet ein Wochenende ist, diese Länge kann man nicht im heimischen Wohnzimmer aufbauen. Ganz davon abgesehen, dass es zu Hause am entsprechenden Material mangelt. Das ist bei dieser Bahn Eichenholz und kommt, erklärt Baumeister Stefan Bommersheim, keine 500 Meter entfernt aus dem Wald. In die Stämme hat er die Route, die die Kugel entlangsaust, eigenhändig gefräst – und sich dabei allerhand einfallen lassen.

TIPP

Von der Waldkugelbahn lassen sich auch Wanderungen durch das idyllische Schnepfenbachtal starten.

Los geht's auf der kleinen Anhöhe gegenüber dem herzigen kleinen Minigolfplatz. Dort gibt es auch die Kugeln zu kaufen, ebenso wie am Automaten an der Bahn, 1 Euro das Stück. Sie sind tolle Handschmeichler, eine nette Erinnerung und können natürlich, einmal gekauft, immer wieder auf der Bahn eingesetzt werden. Die Kugel startet ihre wilde Fahrt zunächst geradeaus durch die schmale Fahrrinne. Sogleich die erste Schikane, eine Zweigung, der Spieler entscheidet: Soll die Kugel links oder rechts weiterrollen? Durch den Tunnel mit Guckröhren rollt die Kugel weiter wie im Flipper, rechts, links, rechts, links, und in Schlangenlinien durch die Rinne. Und jetzt ein Hindernis, die Kugel muss von Hand in einer Röhre weitergeleitet werden, ein Moment, den der Spieler nicht verschlafen darf – mit Bravour gemeistert! Jetzt nur noch durch das kleine Labyrinth im Kasten, Anschlag an die Glocke – und die Kugel ist am Ziel angekommen. Wer ist als Nächster dran?
Die Holzkugelbahn ist Bestandteil des Projekts „Erlebnis Wasser im Riedelbachtal". Der Minigolfplatz ist neu gestaltet; mittendurch fließt idyllisch der Riedelbach. Ein kleiner Biergarten lädt zu einer Pause zwischen den Runden ein.

- Waldkugelbahn an der Minigolfanlage, Schloßstraße 8, 61276 Weilrod
- ÖPNV: Bus 50, 61, 69, 81, Haltestelle Parkstraße

# Klappern am Bach

## 20 Das Alte Mühlrad im Woogtal

Was gehört alles zu einer perfekten kleinen Frühlingswanderung? Viel frisches Grün muss es geben, ein fließendes Gewässer, vielleicht ein paar Tiere zum Anschauen und vor allem Ruhe. Dies alles findet sich auf dem Weg, der durch das Woogtal führt. Woogtal, so heißt das Tal bei Königstein. Idyllisch ist es hier, beinahe ein wenig verwunschen. Nur 5 Minuten sind es bis in die Innenstadt von Königstein, und doch ist hier nichts außer Natur.

Wenn es viel geregnet hat, ist das Rauschen des Wassers schon aus einiger Entfernung zu hören. Es treibt das große Alte Mühlrad an. Neugierig geworden, woher das Wasser kommt? Dann immer den beiden Flüssen nach. Im Woogtal entsteht aus der Vereinigung von Rombach und Reichenbach der Liederbach. Hinter dem Mühlrad tun sich bizarre Felsen auf, die geradezu zum Klettern einladen. Vorsicht, es kann rutschig sein, ist aber das kleine Abenteuer wert. Der Spaziergang geht weiter rund um den Weiher. Vom Ufer aus lassen sich die türkisfarbenen Libellen gut beobachten, die wie kleine Hubschrauber immer wieder vorsichtig die spiegelglatte Wasseroberfläche ansteuern. Rund um einen Stein in Ufernähe tummeln sich Kaulquappen, ihre Hinterbeine haben sich bereits ausgebildet. Wenn später im Jahr die lauen Augustabende kommen, hört man sie als Frösche lebhaft quaken.

TIPP

Es gibt einen Grillplatz, der von den Königsteiner Pfadfindern vermietet wird.

Enten ziehen ihre Kreise auf dem Weiher – eine Mutter hat sieben Küken im Schlepptau. Kein leichter Job für sie, aber ein idyllischer Anblick. Wer mag, vertrödelt die Zeit einfach am Weiher und um den Weiher herum, Bänke laden zu einer Pause ein. Es gibt aber auch größere Wanderungen in verschiedenen Schwierigkeitsstufen, die von hier aus gestartet werden können. Das sind die Terrainkurwege, die um oder mitten durch den Königsteiner Burgberg führen. „Rund um den Burghain" etwa ist eine gemütliche Tour, bei der es auch durch die Altstadt und den Kurpark geht. Eine längere Tour führt bis zur Burg Falkenstein aus dem 14. Jahrhundert. Eine Infofafel an der Mühle gibt genauere Auskunft.

- Am Alten Mühlrad Woogtal, 61462 Königstein
- ÖPNV: RB12, Bus 57, 84, 85, Haltestelle Königstein Bahnhof, ca. 1,5 Kilometer Fußweg

# Schöne Aussicht inklusive

## 21 Das Daubhäuschen in Hochheim

Schon seine Entstehungsgeschichte ist rührend: Gut 130 Jahre ist es her, da ließ der Sektfabrikant Peter Boller oberhalb der westlichen Hochheimer Weinberge ein Teehäuschen für seine über alles geliebte Gattin Margarethe bauen. Die frische Luft, die in den Weinbergen wehte, würde seiner angeschlagenen Frau guttun, so hoffte er. Vom Balkon des kleinen romantischen Pavillons aus bietet sich ein wunderschöner Blick über das Maintal bis zum Odenwald, die Bergstraße, das Rheintal bis nach Mainz und Rheinhessen – das war damals so in Bollers Bellevue. Und das ist heute nicht anders.

Mittlerweile ist das Daubhäuschen, das unter Denkmalschutz steht, ein Sektprobierausschank. Der Freundeskreis Daubhäuschen Hochheim e.V. kümmert sich liebevoll um das Schätzchen an der Mainzer Straße. Das Kleinod wird gemeinnützig und ehrenamtlich bewirtschaftet, damit es im Sinne des Denkmalschutzes renoviert werden kann. Da gibt es immer etwas zu tun, zuletzt wurde aufwendig das Schieferdach renoviert. An sommerlichen Nachmittagen zieht oft ein laues Lüftchen über den Hang. An der Mauer im Vorgärtchen lehnt ein Schild: Herzlich willkommen im Daubhäuschen! Und so fühlt sich der Gast auch gleich an diesem besonderen Ort, an dem die Zeit stehen geblieben zu sein scheint. Samstags und sonntags von April bis Oktober ist der Pavillon geöffnet. Dann treffen sich hier Freunde auf ein Gläschen, Wanderer und Radler erfrischen sich bei einer kurzen Rast, Verliebte stehen am Balkon und haben die Welt um sich herum vergessen. „Ins Daubheisje roi zum Rendezvous, mit Hoch'mer Schampus als Clou", so heißt es in dem Daubhäuschen-Song, den der Hochheimer Künstler Heribert Schlosser eigens komponiert hat.

Im Ausschank sind ausgewählte Winzersekte des Weinguts Schreiber, dessen Weinberge an das Teehäuschen angrenzen. Diese werden nach dem traditionellen Flaschengärverfahren, der sogenannten Champagnermethode, hergestellt – ganz wie zu Bollers Zeiten auch. Das ist schon eine ganz besondere Lage hier.

**TIPP**

Das Weinbaumuseum in der Wiesbadener Straße erzählt die erfolgreiche Geschichte des Weinbaus.

---

- Daubhäuschen, Mainzer Straße 28, 65239 Hochheim
  www.daubhaeuschen.de
- ÖPNV: Bus 46, 48, 809, Haltestelle Daubhäuschen; S1, Haltestelle Hochheim Bahnhof, ca. 1,2 Kilometer Fußweg

# Eine himmlische Zeit

## 22 Die Sternwarte in Hofheim

Je dunkler die Nacht, desto zahlreicher sind die Gäste in der Sternwarte Hofheim. Sie kommen, weil sie vom Weltraum mit seinen unendlichen Weiten fasziniert sind und ferne Galaxien kennenlernen möchten. Ein zaghaftes Klopfen an der Tür – herzlich willkommen in der Sternwarte Hofheim. Olaf Filzinger ist Beobachtungsleiter und wartet seit Einbruch der Dämmerung auf Interessierte. Die können an Beobachtungsabenden einfach zur Warte kommen, sind Hobbyastronomen, Neugierige, Romantiker, Schüler und Studentinnen. Das Dach der Sternwarte hat Olaf Filzinger zurückgekurbelt, auf der Terrasse stehen die Teleskope bereit. Mal schauen, was der Nachthimmel über dem Taunus zu bieten hat.

Verlässlich steht sie da, die Vega, der Hauptstern im Sternbild Leier und der fünfthellste Stern. An die 25 Lichtjahre ist die Vega von der Sonne entfernt – und damit für einen Stern relativ nahe gelegen. Olaf Filzinger weiß vielleicht nicht genau, wie viele Sterne am Himmelszelt stehen, aber sonst kann er an diesem Abend jede Frage beantworten und viel und spannend von Kometen & Co. berichten. Jeder Stern sei ein Blick in die Vergangenheit, erklärt er. Unfassbar weit entfernt ist ihr Licht, manchmal mehrere Tausend Jahre. Proxima Centauri ist unser nächstgelegener Stern, doch auch dieses Licht sei 4 Jahre unterwegs, um die Erde zu erreichen.

TIPP

Auf dem Weg zur Warte liegt das einzige Bahá'í-Haus der Andacht Europas mit spektakulärer Kuppel.

Immerhin an die 50 Jahre reichen die Anfänge der Sternwarte in Hofheim zurück. Im Jahr 2000 haben sich die Mitglieder ihren lang ersehnten Wunsch erfüllt und die Sternwarte gebaut. Der rechteckige Holzbau steht seither auf dem Feld am Rande von Langenhain und sieht selbst ein bisschen wie von einem anderen Stern aus. Vor dem Haus haben die Sternforscher eine begehbare Sonnenuhr angelegt. Und plötzlich ist sie zu sehen, die Raumstation ISS, mit bloßem Auge. Sie wird von der Sonne beschienen und leuchtet wie ein heller Stern. Olaf Filzinger schaut auf die Uhr: In 1,5 Stunden ist sie nach ihrer Erdumrundung wieder hier zu erkennen. Am Himmel über Langenhain.

- Sternwarte Hofheim, Eppsteiner Straße, 65719 Hofheim, Tel. (0 61 92) 63 63 www.sternwarte-hofheim.de
- ÖPNV: Bus 403, 406, 816, Haltestelle Langenhain Siedlung, ca. 650 Meter Fußweg

dieser Sternwarte haben durch Geld- und
sowie durch tätige Mitarbeit geholfen:
Hofheim im September 2000

# Baum der Erkenntnis

## 23 Der Eisenbaum in Flörsheim

18 Meter ist dieser Baum hoch in den Himmel gewachsen, ein stattliches Maß für einen Baum. 46 Stufen sind es hinauf in seine ausladende Krone. Moment mal, Stufen? Tatsache: Dieser Baum hat keine Äste, sondern metallene Treppen, er wird nicht erklettert, sondern bestiegen, Stufe um Stufe geht es hinauf zu seiner Aussichtsplattform in luftiger Höhe. Hier ist alles Kunst, was glänzt. Der Baum ist ein eiserner Koloss, ein Metallriese, ein Eisenbaum. Er steht stark und standhaft allein auf weiter Flur in Flörsheim nahe der Wickerbachauen. Er ist ein Monument zum Anschauen und Anfassen.

Der Blick von hier oben ist an schönen Tagen einzigartig. Dort, im Nordosten, liegt Frankfurt, die Hochhäuser haben ihre Köpfe in den Wolken stecken. Der Odenwald und der Taunuskamm mit dem erhabenen Feldberg sind im Südosten und im Norden zu sehen. Zu Füßen des Eisenbaums tobt auf der grünen Wiese das bunte Leben. Kinder spielen ausgelassen Fangen, der Wind trägt ihr Lachen bis hier hoch. Ein junger Mann lässt einen Drachen steigen, Hunde toben über das Feld, ein Pärchen hat es sich auf einer Picknickdecke bequem gemacht.

Mit etwas Glück erwischt man für diesen Ausflug einen sonnigen Tag. Nicht nur der herrlichen Aussicht wegen. Solarmodule betreiben ein Abspielgerät und der Baum beginnt zu sprechen. An den Stamm gelehnt, lauschen seine Besucher gespannt seiner ruhigen, dunklen Stimme. Er erzählt seine ganz besondere, einmalige Geschichte von der Idee bis zur Umsetzung. Und er wirft Fragen auf, die zum Nachdenken anregen: Was ist Kunst, was Natur? Was von Menschenhand geschaffen, was natürlich entstanden? Wer sich für Zahlen interessiert – und die sind bei diesem 38-Tonnen-Baumriesen wirklich interessant –, erfährt auf einer Infotafel am Fuße des Eisenbaums mehr. Die Wurzeln beispielsweise bestehen aus 24 Schrauben von 140 Zentimetern Länge und 3,5 Zentimetern Durchmesser. Der Eisenbaum hat einen Traum: 100 Jahre möchte er gern alt werden, verrät er.

TIPP

Von der Plattform aus lässt sich ein spektakulärer Sonnenuntergang feiern.

- Eisenbaum, Wiesenmühle 11, von dort rechts weiter durch den Weinberg, 65439 Flörsheim
- ÖPNV: Bus 808, Haltestelle Keramag/Falkenberg, ca. 1 Kilometer Fußweg

# Ganz neue Töne

## 24 Die Musik in der Talkirche in Eppstein

Von Ludwig van Beethoven stammt der Satz, Musik sei eine höhere Offenbarung als alle Weisheit und Philosophie. Mit Offenbarungen kennt sich Heike Schuffenhauer als Pfarrerin der Talkirche in Eppstein selbstverständlich aus. Mit Musik aber auch, denn sie öffnet die schwere Holztür ihrer Kirche gern weit für Musik. Da trifft Klassik auf Jazz, wird auf der Glasharfe Kristall zum Klingen gebracht, werden Gospels gesungen und Klezmermusik mit Akkordeon gespielt.

Die Talkirche liegt direkt unterhalb der Burg in Alt-Eppstein. Sie wurde in der ersten Hälfte des 15. Jahrhunderts von den Herren von Eppstein im spätgotischen Stil errichtet und ist heute das älteste erhaltene Gebäude Eppsteins. Es ist eine liebenswerte kleine Kirche. Von den weiß verputzten Bruchsteinmauern heben sich die Werksteine aus rotem Sandstein und der graue Turm- und Dachschiefer kontrastreich ab. Die Kirche steht mitten im Leben. Draußen auf dem großen Platz sitzen an Markttagen die Menschen gemütlich bei einem Schoppen beieinander. Die Bank in dem Gärtchen hinter der Kirche lädt zur kleinen Pause ein. Die Bienen brummen im Lavendel, Wasser plätschert im kleinen Brunnen.

**TIPP**
Die Gemeinde lädt einmal im Jahr alle Altersklassen zum Bobbycar®-Rennen für einen guten Zweck ein.

Die besondere Akustik und Atmosphäre machen die Talkirche ebenso aus wie das außergewöhnliche Programm. Die monatlichen „Abendmusiken" zum Beispiel: Dabei treten nicht nur talentierte Laienmusiker auf, sondern auch professionelle und namhafte Künstlerinnen. Seit mehr als 10 Jahren ist die Talkirche außerdem Heimat eines hochkarätig besetzten internationalen Musikfestivals mit dem Schwerpunkt Klaviermusik. Die Pianistin Anna Victoria Tyshayeva organisiert und verantwortet künstlerisch das Eppsteiner Klavierfest. Wenn die renommierten Musikerinnen und Musiker am Flügel sitzen, solo und zu vier Händen spielen, dann ist das Musik ohne Grenzen. Der Eintritt ist frei, um Kultur ohne Schwellen und Hindernisse für alle Menschen erlebbar zu machen. Genauso sind der Kirche fernerstehende Menschen aus der Region eingeladen. Musik, die verbindet.

- Evangelische Talkirche, Burgstraße 44, 65817 Eppstein, Tel. (0 61 98) 85 33
www.talkirche.de
- ÖPNV: S2, Haltestelle Eppstein

# Flotte Runde mit Rind

## 25 Das Rinderkarussell in Sulzbach

Von wegen Pferd, Feuerwehrauto oder Motorrad. Mit den bekannten Karussells auf Festen oder Jahrmärkten hat dieses hier nichts gemein. Inmitten der Rinderwiesen von Sulzbach liegt das außergewöhnliche, lebensgroße Rinderkarussell.
Welche Kuh darf es sein? Die zottelige braune? Die schwarze? Die weiß-braun gefleckte? Oder die schwarz-weiß gescheckte? Am liebsten eine nach der anderen, sie schauen alle so treu und lieb. Das Rinderkarussell lässt sich mittels Drehscheibe anschieben, kleine Kinder brauchen die Hilfe der Eltern, um die gewaltigen Kühe in Gang zu setzen. Überhaupt ist hier ein besonderes Fleckchen: In Sichtweite zur Frankfurter Skyline und zum Taunus liegt eine rund 12 Hektar große Fläche. Auf der Weidelandschaft lässt ein Sulzbacher Landwirt seine Tiere grasen – ein seltenes Erlebnis, Rinder auf stadtnahen Weiden.
Die Rinderwiesen sind ein idealer Rast- und Treffpunkt für Familien und Freunde. Hier lässt sich wunderbar Zeit vertrödeln, deshalb unbedingt eine Brotzeit einpacken! Die Kinder, große wie kleine, finden das Rinderkarussell großartig. Sie klettern unermüdlich auf den gutmütigen Tieren herum, schieben das Karussell rasant an, um es abrupt wieder zu stoppen. Derweil sitzen die Eltern auf den Holzblöcken, die an Heuballen erinnern, und schauen zu. Wer Glück hat, ergattert eine der Tischgruppen. Das Karussell ist barrierefrei, sodass auch Rollstuhlfahrer eine Runde drehen können. Der Platz rundum ist mit Katzenkopfpflaster belegt, das früher häufig bei landwirtschaftlichen Höfen zum Einsatz kam. Alles ganz natürlich.
Und erwähnt sei noch: Die Rinderskulpturen sind originalgetreu aus Holz geschnitzt – stabil genug also, dass auch Erwachsene eine Runde mit der Kuh drehen können. Das Glück der Erde liegt auf dem Rücken der Rinder. Ein kleiner Spaziergang führt vom Karussell zu einem Aussichtsplateau im Norden der Rinderwiesen. Von hier lohnt sich der freie Blick auf die Frankfurter Wolkenkratzer.

- Rinderkarussell, 65824 Schwalbach am Taunus
- ÖPNV: S3, Haltestelle Eschborn, ca. 1,2 Kilometer Fußweg

# Schnell mal weg

## 26 Der Niederwiesen-Steg in Flörsheim

Dieser Weg fühlt sich wie ein Kurzurlaub an. Ein knapp bemessener Kurzurlaub zwar, aber manchmal reicht das ja schon aus, um ein Gefühl von Frische und Erholung zu verspüren. Ein kleines Glück, das durch den Alltag trägt. Es müssen diese leicht verwaschenen silbergrauen Holzbohlen sein. Oder die blauen Pfosten, an denen ein dickes Tau entlangführt. Oder dieser herrlich weite Blick ins Grüne. Oder der strahlend blaue Himmel. Vielleicht auch einfach alles zusammen. Es fühlt sich nach Freiheit an, sobald man den Steg betritt, der über die Niederwiesen in Flörsheim führt. Erst einmal nur schauen, einatmen und tief ausatmen. Vorne an der Ecke sitzen zwei Frauen am Steg, lassen die Beine baumeln und blinzeln in die Sonne. Sie spüren diese besondere Stimmung hier sicher auch, diesen einzigartigen Moment. Radfahrer, Spaziergänger mit Hund oder Kind, Paare, Freundinnen in ein Gespräch vertieft – dieser Steg zieht alle an. Die Niederwiesen sind ein sensibles Biotop; der Eichenbohlensteg führt über das Überschwemmungsgebiet des Wickerbachs. Mehr als 20 Kilometer ist der Lauf des Wickerbachs aus den Taunusbergen bis zur Mainmündung bei Flörsheim lang. Feuchteliebende Pflanzen, Insekten, Amphibien, Vögel leben hier. Auch Störche gibt es zu entdecken. Es lohnt sich also, mit offenen Augen des Weges zu gehen. Und zum Schutz der Natur sollte man unbedingt auf dem Steg bleiben.

TIPP

Auf dem Weg liegt die kleine St.-Anna-Kapelle aus dem Jahr 1715, Sitzplätze laden zur Rast.

100 Meter ist der Bohlensteg lang – wer langsam geht, hat länger was davon. Die Niederwiesen können so in Richtung Landwehrweg gequert werden. Dieser Weg folgt einer historischen Grenzanlage, der Kasteler Landwehr, einer Wallgrabenanlage. Der noch erhaltene Graben leitet ebenfalls Wasser in die Niederwiesen und trägt damit auch zur ökologischen Artenvielfalt bei. Auf kurzem Wege gelangt man über die Planken außerdem auch in die Gemarkungen Wicker, Flörsheim und Hochheim. So stellt sich also, am Ende des Stegs, die Frage: Beenden wir den Kurzurlaub und gehen zurück? Oder verlängern wir ihn noch etwas?

- Niederwiesen-Steg, Wiesenmühle 11, 65439 Flörsheim
- ÖPNV: Bus 809, Haltestelle Keramag/Falkenberg, ca. 1 Kilometer Fußweg

# Stunde der Kürbisgeister

## 27 Auf dem Feld in Liederbach

Die japanische Künstlerin Yayoi Kusama stellt Kürbisse, über und über mit Punkten gestaltet, immer wieder in den Mittelpunkt ihres kreativen Schaffens. Damit ist sie nicht die Einzige. Anna Bankiels Leidenschaft für das Gemüse ist mindestens genauso groß, auch wenn sie es von einer bodenständigeren Perspektive aus betrachtet. Auf einem Feld in Liederbach baut sie seit Jahren Kürbisse an. Speisekürbisse, mehr als 50 Sorten mit verschiedenen Geschmacksrichtungen, Farben und Formen, auch kleine, knorzige Zierkürbisse zur Dekoration.

Die meisten Besucher fahren erst einmal auf den simpelsten der Gesellen ab, den gemeinen Halloweenkürbis. Er ist groß, er ist leuchtend orange, er lässt sich gut als Katze, Fratze oder was auch immer schnitzen. Aber – da gibt es noch so viel mehr auf dem Feld zu entdecken. Nein, nicht den Hokkaido, auch den kennt mittlerweile jeder. Den Tonda Padana beispielsweise, hell- und dunkelgrün gestreift, innen intensiv gelbes, zartes Fruchtfleisch; ein Kürbis, der nach Maroni schmeckt und wunderbar für ein feines Süppchen geeignet ist. Oder der One Too Many, von dem man sicher nicht so schnell genug bekommt, zu zauberhaft ist seine feine cremeweiß-orange marmorierte Färbung. Dazu lässt er sich sogar roh verzehren, schmeckt frisch nach Gurke. Jeden Kürbis kann Anna Bankiel beim Namen nennen, kann erzählen, wozu er gut ist.

**TIPP**

Zu jedem Kürbis gibt's das passende Rezept gleich dazu, egal ob Suppe oder überbacken aus dem Ofen.

Sie kümmert sich selbst von der Saat bis zur Ente um jedes einzelne Exemplar. In den 90 bis 110 Tagen bis zur Reife habe sie viele der 10.000 Kürbisse dreimal in der Hand gehabt, erklärt sie. Auf einer selbst gebauten Sämaschine hinter dem Traktor werden die Kerne eingebracht, dann die Reihen manuell vom Unkraut befreit – um Chemie macht sie einen großen Bogen. Erntezeit ist meist Mitte September. Sie wolle den Menschen den Kürbis in seiner Vielfalt näherbringen, auch auf dem Speiseplan als leckeres und dazu so gesundes Gemüse, „nährstoffreich und kalorienarm", weiß Anna Bankiel aus langer Erfahrung. Eine runde Sache.

- Kürbisfeld Liederbach, an der L3016, Schmalkaldener Straße, 65929 Frankfurt
www.blumen-und-kuerbisfelder.de
- ÖPNV: RB12, Haltestelle Liederbach Süd, ca. 1,2 Kilometer Fußweg

# Eine Runde auf die Natur

## 28 Champagnerluft im Heilklima-Park Hochtaunus

Tief einatmen, tief ausatmen, ganz bewusst, ganz achtsam im Hier und Jetzt auf dem Spaziergang durch den Wald in Falkenstein. Es riecht nach Erde, nach Moos, nach Harz. Ein sachter Wind weht, der die Blätter zart bewegt. Auf dem Boden lässt sich ein schnelles Spiel aus Licht und Schatten beobachten. Dieses völlige Eintauchen in den Wald, das nennen die Japaner *shinrin yoku,* ein Waldbad. Wer sich mit allen Sinnen auf die Natur einlässt, findet Harmonie, Ruhe und Gelassenheit. Hier, in der Gegend rund um Königstein und Bad Homburg, nennen sie Wellness im Freien, Champagnerluft atmen, denn von Natur aus ist dieser Flecken Erde mit wunderbarer frischer Luft gesegnet.

Die Kurtradition reicht in Bad Homburg weit zurück und begründet sich auf den zahlreichen Heilquellen. Dazu kam als Geschenk des Himmels die Champagnerluft. Schon Mitte des 19. Jahrhunderts lobten englische Kurgäste die *air of champagne.* Damit meinten sie die abendlichen Fallwinde von der Höhe des Taunus. Sie brachten Erfrischung bis hinein in den Kurpark, wo die vornehmen Herrschaften gerne lustwandelten.

Wer heute mit Körper und Geist in die Natur abtauchen möchte, für den sind die Wege im Heilklima-Park Hochtaunus ideal. Die Strecken sind variabel und bieten unterschiedliche klimatische Bedingungen. In Falkenstein etwa soll der Weg bei wiederholten Reizwechseln entlang sonniger wie schattiger Wegabschnitte stimulierend wirken. Der Heilklima-Park umfasst Königstein und Falkenstein sowie ein 20 Quadratkilometer großes Waldgebiet. Darin liegen der Große und der Kleine Feldberg ebenso wie der Altkönig. Die tiefsten Lagen befinden sich am Südrand des Parks. Zusammen mit dem Urselbachtal im Osten und dem Reichenbachtal im Südwesten lassen sich verschiedene Klimareize erleben. An zwölf Portalen beginnen jeweils mehrere Rundwege. Die Strecken sind auf einer Infotafel beschrieben und unterwegs markiert. Erfrischt und belebt geht es danach zurück in den Alltag. Bis zur nächsten Champagnerrunde.

TIPP

Königstein bietet geführte Heilklima-Wanderungen an.

- Heilklima-Park, zwölf Portale mit Wanderrouten, zum Beispiel Portal Hohemark, 61440 Oberursel, www.taunus.info
- ÖPNV: U3, Haltestelle Oberursel-Hohemark

# Im Gänsemarsch ums Gehege

29

## Der kleine Tierpark in Hattersheim

Die Enten haben ihren Glücksort gefunden. Es gibt einen gemütlichen kleinen Teich, es gibt Futter, es gibt nette Gesellschaft. Vom nahe gelegenen Mainufer sind sie ins Tiergehege Hattersheim gezogen, haben hier das Paradies für sich entdeckt. Und so leben sie in bester Gesellschaft mit den Hühnern, den Gänsen, den Ziegen, den Hasen, den Fasanen und vielen Tieren mehr auf dem Hattersheimer Bauernhof.

Denn das soll das Tiergehege am Schwarzbach, mitten in der Stadt gelegen, sein: ein kleiner bodenständiger Bauernhof, auf dem ausschließlich einheimische Tiere zu Hause sind. Und so ist der Haustierzoo zu einem beliebten Treffpunkt für Groß und Klein geworden. Eine Runde um das Gehege kann schon ein bisschen Zeit in Anspruch nehmen, so viel gibt es zu gucken. Das lassen sich die Spaziergänger, die vorbeikommen, auch nicht nehmen. Da stolziert gerade Martin, der Gänserich, mit seiner Gefolgschaft vorbei, bahnt sich laut schnatternd seinen Weg. Ja, erzählt Manuel Ferkau, der Vorsitzende des Vereins, der die Anlage mit ganz viel Herz für Tiere hegt und pflegt, der Martin weiß schon, wie er alle Aufmerksamkeit auf sich zieht. Die Ziegen sehen das Getöse gelassen, sie haben ohnehin von ihrem Steinfelsen aus den Überblick über das ganze Geschehen. Nur Schneewittchen, die hübsche Weiße mit den Schlappohren, schaut neugierig, wer heute zu Besuch gekommen ist. Streicheln ist unbedingt erlaubt, sagt Ferkau, aber bitte, bitte nicht füttern! Und so holt sich Schneewittchen liebend gern ihre Streicheleinheiten von vielen Händen ab.

Stella ist ein wenig zurückhaltender. Die Eseldame mit den langen Wimpern geht mit ihrer Gunst sparsam um. In ihrem weitläufigen Areal spielt sie gern auch mal Verstecken mit den Besuchern. Störrisch und stur, nein, so darf man das nicht nennen; das Langohr gibt den Gästen einfach Zeit, sich ganz auf sie einzulassen. Und umso glücklicher sind die Besucher dann, wenn sich Stella durch das dichte braune Fell kraulen lässt.

- Tierpark Hattersheim e.V., Ecke Glockwiesenweg/Eschenbachstraße, 65795 Hattersheim
- ÖPNV: S1, Haltestelle Hattersheim Bahnhof, ca. 400 Meter Fußweg

# Julias zauberhafte Welt

## 30 Die papier boutique in Hofheim

Manche Tage brauchen etwas Feenstaub. Der liegt wie ein silberzarter Hauch über der papier boutique von Julia Weltermann und Helga Huhn in Hofheim. Das ist nämlich ein Zauberladen: Hier findet man, wonach man gar nicht gesucht hat, und geht glücklicher raus, als man reingegangen ist.

Sicher liegt das an den schönen Dingen aus aller Welt, die Tochter und Mutter zusammentragen: handgeschöpfte Schokolade und Lakritze, feines Porzellan, schicke Taschen und Körbe, filigrane Ketten, quietschbunte Haargummis. Es dauert schon ein Weilchen, um all die Schätze in den Vitrinen zu bewundern. Aber nicht nur das außergewöhnliche Sortiment macht die besondere Atmosphäre in der papier boutique aus, es ist auch die Harmonie, die das Tochter-Mutter-Team ausstrahlt. Die Stammkunden werden mit der gleichen Herzlichkeit empfangen wie die Mädchen und Jungs, die eine Kleinigkeit für den Kindergeburtstag suchen oder eine Überraschung für den weltbesten Papa zum Vatertag.

Gut 20 Jahre ist es her, dass Helga Huhn den Laden am Untertor übernommen hat; schon 1 Jahr später ist Tochter Julia mit eingestiegen, mittlerweile ist sie die Geschäftsführerin. Sie hat ein Händchen dafür, die schönen Dinge des Lebens überall auf den Messen aufzustöbern und nach Hofheim zu bringen. Dabei achtet sie darauf, dass die Produkte hochwertig und wenn möglich handgefertigt sind. Selbstverständlich gibt es auch ausgesuchtes Geschenkpapier, schöne Karten und Schreibwaren in der papier boutique, das verlangt schon das Papierbranchen-Blut, das seit Generationen durch die Adern der Familien Huhn und Weltermann fließt. Es gebe keinen Tag, an dem sie nicht gern in ihren Laden gehe, sagt Julia Weltermann. Aber die Samstage sind ihr am liebsten. Dann bummeln die Hofheimer auf dem Markt und bringen Zeit mit, wenn sie anschließend in ihre Boutique kommen. Und wenn dann nach einer Weile die Entscheidung gefallen ist für dies oder das, bleibt die Frage: Verschenken oder selbst beschenken? Zum Glück kann man wiederkommen.

- papier boutique Huhn, Am Untertor 4, 65719 Hofheim, Tel. (0 61 92) 2 15 45
- ÖPNV: S2, Haltestelle Hofheim

räder
MILCH
MACHT

# Eine englische Landpartie

31

## Das einstige Schloss Friedrichshof in Kronberg

Nur noch den kleinen Berg hinauf. Das imposante schmiedeeiserne Tor zum Schlosshotel Kronberg steht einladend offen. Auf geht's zu einer englischen Landpartie. Victoria Kaiserin Friedrich, Königin von Preußen und Tochter von Queen Victoria, schuf sich hier ein Zuhause. Typisch britisch: stilvoll, gemütlich und ein wenig mondän.

Beim Spaziergang durch den 58 Hektar großen Park oberhalb des Städtchens Kronberg geht es vorbei an zauberhaften Gebäuden im Tudorstil. Cottage, Marstall oder Pförtnerhaus präsentieren sich im typischen Holzfachwerk. Die Entstehungsgeschichte dieser Bauwerke geht zu Herzen: Nach dem frühen Tod ihres Mannes, Kaiser Friedrich III., fand Victoria Kaiserin Friedrich, Königin von Preußen, ihre neue Heimat im Taunus und ließ auf dem weitläufigen Gelände ihr Schloss Friedrichshof erbauen. FRIDERICI MEMORIAE steht über dem Haupteingang des heutigen Schlosshotels Kronberg, „Zum Andenken an Friedrich". Und eben weil Victoria aus England stammte, ließ sie das Schloss ebenso wie den Park im Stil englischer Herrensitze anlegen. Dazu gehörte auch ein in Terrassen ansteigender Rosengarten und ein Steingarten mit Wasserfall.

Die bewegte Geschichte des einstigen kaiserlichen Country Homes und heutigen Luxushotels begegnet den Gästen auf Schritt und Tritt. Historische Führungen gibt es für Hausgäste und Besucher an jedem vierten Sonntag im Monat. Auch Konzerte und ein literarischer Salon zählen zu den Events im Schloss. Wer den Rundweg gelaufen ist, an den zarten Rosenblüten geschnuppert hat, sich im Herbst fleißig nach Kastanien, Bucheckern und Zapfen gebückt hat, hat sicherlich einen Afternoon Tea im Schlosshotel als krönenden Abschluss verdient, der in den kalten Monaten serviert wird. Sobald die Tage kürzer werden, wird das knisternde Kaminfeuer angezündet. Zu Klaviermusik werden Tee, warme Scones mit Erdbeermarmelade und Clotted Cream sowie allerlei andere kleine Köstlichkeiten serviert. *What a lovely day!*

TIPP

Zur Teatime gehört ein Rundgang durch das Schloss mit einem Sherry-Ausklang.

- Schlosshotel Kronberg, Hainstraße 25, 61476 Kronberg, Tel. (0 61 73) 7 01 01
  www.schlosshotel-kronberg.com
- ÖPNV: Bus 71, 72, Haltestelle Schülerwiesen; S4, Haltestelle Kronberg

# Alles im grünen Bereich

## 32 Die Hohemark in Oberursel

Hier läuft alles zusammen. Es ist der Anfang vom Ende – und umgekehrt. Der Weg führt zum Ziel und der Weg ist das Ziel. Hier fängt alles an und hört alles auf. Das ist die Hohemark, Eingangstor zum Taunus.

An den Wochenenden tummeln sich hier bei schönem Wetter Wandergruppen und Spaziergängerinnen, Biker, Kletterer, Geocacher und viele mehr. Die Hohemark ist für sie alle der perfekte Treff- und Startpunkt. Wer noch unschlüssig ist, wohin die Reise an diesem Tag gehen könnte, bekommt Rat und Ideen im Informationszentrum. Dessen asymmetrisch-zackig angelegte Form, die an das im Taunus typische Schiefergestein erinnern soll, ist schon ein Hingucker. Wer vor der Praxis die Theorie schätzt, erfährt in einer kleinen Ausstellung Wissenswertes zu Flora und Fauna, zum Taunusquarzit und zu den Eigenarten des Hintertaunus. Im Infozentrum können sogar E-Bikes ausgeliehen werden, um die Taunusanhöhen ohne große Anstrengung erklimmen zu können. Hoch hinaus geht's direkt außen am schönen Holzgebäude: Bouldern ohne Sicherung macht Kleinen und Großen Spaß.

**TIPP**
Ein archäologischer Wanderweg führt über einen Teil des Heidetränk-Oppidum.

Die vier Taunusstädte Bad Homburg, Steinbach, Kronberg und Königstein bilden zusammen die Hohemark. Das Gebiet ist ein echter Glücksfall, denn hier gibt es tatsächlich von allem etwas: unzählige kleine Bäche, viel Wald, Berge und ganz viel Taunusgeschichte. Einige der schönsten und interessantesten Wanderwege der Region starten vom „Tor zum Taunus", ein Weg führt beispielsweise zum Großen Feldberg und zu seinem kleinen Bergbruder, dem Altkönig. Wer gut gestärkt losziehen oder nach der Tour wieder auftanken möchte – ein Plätzchen im „Waldtraut" ist fast immer frei. Das Gasthaus liegt idyllisch am Waldrand. Hier wird bodenständiges Essen aus Hessen serviert. Sollte jemand noch einen Beweis brauchen, dass der berühmte Naturforscher Alexander Freiherr von Humboldt recht damit hat, dass der Taunus das schönste Mittelgebirge der Welt ist, wird er ihn in dieser gemütlichen Stube ganz sicher finden.

● Hohemark, 61440 Oberursel
www.taunus.info
● ÖPNV: U3, Haltestelle Oberursel-Hohemark

# Natürlich hessisch genießen

## 33 Der Hof Gimbach in Kelkheim

Auf dem Grill brutzeln Würstchen, in der Kuchentheke steht ein prächtiger Frankfurter Kranz, auf einer Tafel wird für Apfelsaft aus eigener Kelter mit frischer Minze geworben. Herrlich hessisch lässt es sich auf dem Gimbacher Hof genießen, *ebbes Grünes ausm Gadde* steht ebenso auf der Karte wie *Grie Soß*, und e *guud Supp* geht ohnehin immer. Ein Abstecher zu der Kelkheimer Traditionswirtschaft am Fuß des Staufens lohnt sich stets: Als Stärkung vor einer Wanderung entlang des Schinderhannes Steigs, auf dem der legendäre Taunusräuber sein Unwesen trieb, oder als Abschluss einer Mountainbiketour auf den Staufen – oder einfach, um ein paar glückliche Stunden zu verbringen. Bei gutem Wetter unter dem Dach der uralten Kastanienbäume, im Winter in den gemütlichen Stuben am offenen Kamin und Kachelofen. Nah an den Menschen zu sein, das ist Margret Schiela, Gastgeberin von ganzem Herzen, wichtig. Und so steht die Chefin nach wie vor gern am Tresen und schenkt Apfelwein aus. Erholung findet sie in ihrem zauberhaften Gärtchen.

1488 wurde der Gimbacher Hof als herrschaftliches Gut erstmals schriftlich erwähnt. In der dritten Generation führt heute Margret Schiela die Geschicke. Die Historie des Hofs ist ihr enorm wichtig, denn in diesem Denkmal ist sie groß geworden. Sie erinnere sich noch genau, wie sie den Eltern auf dem Feld oder im Kuhstall geholfen habe. Der Hof sei stets mit der Zeit gegangen, ein Gasthaus kam dazu, ein Campingplatz, der Gäste aus weiter Ferne in das Taunusstädtchen brachte. Zuletzt entstand die kleine Kapelle am kleinen Teich, ihr Herzensprojekt. Sie kann für Hochzeiten oder Taufen genutzt werden. Die Apsis des Kirchleins lässt sich öffnen und gibt den Blick über die grünen Hügel bis hin zum Kloster Kelkheim frei. Eine Ruheinsel.

Da geht es im Biergarten schon lebhafter zu, Kinder können auf dem kleinen Spielplatz toben oder den Ponys einen Besuch abstatten. Derweil genießen die Erwachsenen ein Stück Tarte aus hauseigenen Walnüssen.

TIPP

Es werden historische Rundgänge über den Hof angeboten – mit „Stöffche"-Probe im Apfelweinkeller.

- Hof Gimbach, Gimbacher Weg, 65779 Kelkheim, Tel. (0 61 95) 32 41 www.hof-gimbach.de
- ÖPNV: RB12, Haltestelle Kelkheim Bahnhof, ca. 1,5 Kilometer Fußweg

# Kunst to go

## 34 Der Skulpturenpark in Eschborn

Die Bühne, bemerkte Oscar Wilde einst, scheine ihm Treffpunkt von Kunst und Leben zu sein. In Eschborn ist das zu kurz gedacht: Hier treffen Kunst und Leben überall aufeinander, die ganze Stadt wird zur Bühne. Schon in den späten 80er-Jahren kam die Idee auf, die Kunst aus den Museen zu holen und zu den Menschen zu bringen. Dorthin, wo sie sich ohnehin gern aufhalten, wo sie auf ihren alltäglichen Wegen vorbeikommen, wo sie verweilen, weitergehen, wiederkommen. Ausgangspunkt ist der Skulpturenpark in Niederhöchstadt.
Mal hat man die Muße, sich mit einem Objekt näher auseinanderzusetzen, manchmal genügt ein flüchtiger Blick. Die Tageszeiten verändern die Kunst. Eine besondere Stimmung legt sich über den Park, wenn die Dämmerung einsetzt und sanftes Abendrot den Himmel überzieht. Eine fabelhafte Kulisse für die Kunstwerke, die hier stehen. Auch im Dunkeln lohnt sich ein Besuch, denn ein Teil des Wegs ist mit Solarlichtern erhellt. Und ebenso zu unterschiedlichen Jahreszeiten, wenn sich die Gräser im Sommerwind bewegen, wenn der gelb-grüne Frauenmantel blüht, wenn die Bäume kahl sind und sich plötzlich ganz neue Sichtachsen eröffnen.
Der Skulpturenpark Eschborn-Niederhöchstadt entstand im Jahr 2010. Erstes Werk war Stephan Grubers „Das Versprechen", das der Bildhauer vor Ort geschaffen hat. Sieben menschliche Figuren sind um ein Ei-Objekt gruppiert, in sich gekehrt, würdevoll, imposant. Und wer – oder was – sitzt dort drüben im Gras? Drei Damen, Bronzegüsse von Dietrich Klinge – voller Glück im Hier und Jetzt. Wer Lust auf eine Kunststunde hat, wandert vom Park aus gut 4 Kilometer von Niederhöchstadt nach Eschborn entlang des Westerbachs, vorbei an den Kunstwerken der Skulpturenachse. Immer wieder bietet sich auch die Frankfurter Skyline als Hintergrundmotiv an. Aber es ist auch reizvoll, mit offenen Augen durch die Stadt zu gehen und dabei zum Beispiel Zeuge von Thomas Beckers „Begegnung" zu werden: An zwei Klinkerpfosten treffen Adam und Eva aufeinander.

**TIPP**
Auf halber Wegstrecke liegt der Traktorspielplatz mit Fußballtoren, Seilbahn und Wasserspielplatz.

- Skulpturenpark Eschborn-Niederhöchstadt, Montgeronplatz 1, 65760 Eschborn
- ÖPNV: S3, S4, Haltestelle Niederhöchstadt Bahnhof, ca. 500 Meter Fußweg

# Über Nacht im Museum

35

## Das Landhotel zum Hessenpark

Um 18 Uhr schließt sich das Tor des Hessenparks für die Besucher. Dann kehrt Ruhe ein in dem Freileichtmuseum in Neu-Anspach, das auf 65 Hektar Fläche und in mehr als 100 historischen Gebäuden die Geschichte des hessischen Dorflebens der vergangenen Jahrhunderte zeigt. Derweil recken die Gäste an den Tischen des Landhotels „Zum Hessenpark" auf dem Marktplatz ihre Nasen in die Abendsonne. Ein Museum ganz für sie allein, viel besser kann es wirklich nicht werden. Das kann es tatsächlich doch, dann nämlich, wenn zum prickelnden Hessenpark-Spritz der Gruß aus der Küche serviert wird.
Das Landhotel ist in der Gießener Marktzeile untergebracht, eine Komposition verschiedener Gebäude, die anhand von Bildern rekonstruiert wurde. Das ehemalige „Haus Kaminka", in dem sich das Restaurant befindet, beherbergte am Originalstandort eine Apotheke beziehungsweise ein Juweliergeschäft und hatte die Adresse Marktplatz 11. Dort werden die Gäste mit Gerichten verwöhnt, die Tradition mit Moderne verbinden und teils direkt von den Ernteflächen des Freilichtmuseums kommen. Auch die unter Bioland-Bedingungen aufgewachsenen Rinder und Schweine der Museumslandwirtschaft werden verarbeitet. Beispielsweise wird im Freilichtmuseum das Rote Höhenvieh gezüchtet, das früher als Hausrasse in vielen landwirtschaftlichen Betrieben genutzt wurde.
Wer sich nach der hessischen Apfelwein-Zabaglione noch ein wenig die Füße vertreten möchte, kann dies rund um den Marktplatz tun, der von einem Vierröhrenbrunnen aus Sandstein geprägt wird. Nach Einbruch der Dunkelheit lässt sich vom Fenster im dritten Stock des Hotels noch einmal eine ganz andere Perspektive genießen: Über die historischen Gebäude hinweg reicht die schöne Aussicht bis zum Taunushauptkamm. Das Landhotel ist modern gestaltet und ideal für eine kleine Auszeit – eine Reise durch und in die hessische Geschichte. Wenn die stille Nacht im Museum vorbei ist, öffnen sich in der Frühe die Tore wieder für die Besucher.

TIPP

In den Läden im Park gibt es besondere Produkte aus der Region und Leckeres aus Hessen zu kaufen.

● Landhotel Zum Hessenpark, Laubweg 1, 61267 Neu-Anspach,
Tel. (0 60 81) 5 77 62 80, www.landhotel-zum-hessenpark.de
● ÖPNV: Bus 5, 63, Haltestelle Hessenpark

Buchdruckerei
Lang. Co

# In die Ferne riechen

## 36 Das Pinienwäldchen in Hofheim

Es soll immer mal wieder vorkommen, dass man den Wald vor lauter Bäumen nicht sieht. Das könnte im Hofheimer Wald am Kapellenberg tatsächlich passieren, denn hier wachsen zwischen den vertrauten Eichen, Buchen, Lärchen und Fichten zahlreiche Pinienbäume. Der nördlichste Pinienwald Europas, heißt es, steht hier an diesem Flecken Erde. Zum Pinienwäldchen ist es ein leichter Spaziergang, der im Sommer am besten in die frühen Abendstunden passt. Und der Weg steckt voller Überraschungen, so viel gibt es im Vorbeigehen zu entdecken. Nach ein paar Minuten leichter Steigung führt der erste Abstecher zum Cohausentempel. Carl August von Cohausen hatte die Ringwälle auf dem Kapellenberg erforscht. Ihm zu Ehren wurde der Aussichtstempel um 1910 errichtet, er ist im späten Darmstädter Jugendstil gehalten und der Ausblick über das Rhein-Main-Gebiet einen kurzen Halt wert.

TIPP

Der Meisterturm thront fast 30 Meter hoch über dem Kapellenberg und ist ganzjährig besteigbar.

Weiter geht's in Richtung Pinienwäldchen links hoch hinaus, immer dem Schild zum Meisterturm folgend. Da liegt ein riesiger Felsbrocken am Wegesrand, der Graue Stein, Brandungsgeröll, das mehrere Millionen Jahre alt ist. Eine gewaltige Zeitspanne – und vielleicht ist der Stein deshalb auch oben schon ganz glatt gerieben, weil jeder einmal mit diesem Stück Geschichte Verbindung aufnehmen möchte. Schließlich sind es nur noch wenige Meter bis zum Pinienwäldchen. In 20, 30 Metern Höhe recken die Bäume ihre ausladenden Kronen dem Himmelblau entgegen. Dieses leicht diffuse, flimmernde Licht, der trockene Boden, die schwache Brise, der harzig-würzige Duft der Pinien – ehe man sich's recht versieht, träumt man schon vom Mittelmeer. Eine Bank lädt dazu ein, einen Moment zu verweilen und die besondere Stimmung zu genießen.
Wer mag, spaziert noch ein Stück weiter hoch zum Plateau der Bergkapelle. Sie wurde zum Dank errichtet, weil die Hofheimer vor der Pest verschont wurden, und dient heute noch als Wallfahrtskirche. Bis in den Süden reicht die Fernsicht nicht ganz, aber immerhin zeigt sich Frankfurt von seiner schönsten Seite.

- Pinienwald Hofheim, Start am Alberstweg, 65719 Hofheim
- ÖPNV: Bus 401, Haltestelle Am Klingenborn, ca. 800 Meter Fußweg

# Bei Anruf Mord

## 37 Die Bücher-Telefonzelle in Bad Homburg

Mehr als 1000 Kilometer über Land und See liegen zwischen der Taunusstadt Bad Homburg und Exeter in der Grafschaft Devon. Und doch ist die Verbindung zwischen den Partnerstädten ausgesprochen gut – auch dank der Telefonzelle, die im Mai 1990 ein Geschenk aus Exeter zum 25-jährigen Bestehen der deutsch-englischen Freundschaft war. Tatsächlich konnte man bis vor ein paar Jahren noch in der Kabine, die vor dem Kurhaus ihren Platz gefunden hat, Gespräche führen. Doch die Handys kamen und die Telefonhäuschen gingen, und somit schien damals auch das Ende der charmanten roten Box mit dem markanten Kuppeldach bereits besiegelt. Doch glücklicherweise bekam die *telephone booth* eine neue Bestimmung: Aus der roten Telefonzelle vor dem Kurhaus ist ein öffentlicher Bücherschrank geworden – im Namen Ihrer Majestät, denn die Krone ist geblieben. Und so verbindet sie weiterhin Menschen miteinander, große wie kleine, für die es das größte Glück ist, mit einem tollen Buch in eine andere Welt abzutauchen.

Das Prinzip eines Bücherschranks ist denkbar einfach: ein ausgelesenes Buch ins Regal stellen, ein neues Buch aussuchen und mitnehmen. Es wäre ja auch viel zu schade um die vielen Schätzchen, die nur einmal in ihrem Bücherleben gelesen werden und dann im Wohnzimmerschrank verstauben. Mit ein bisschen Glück werden hier alle fündig. Die Mischung ist wild und bunt, und es lohnt sich, zu stöbern und sich inspirieren zu lassen.

Wer mag, kann den Schafskrimi aus Irland oder den Ratgeber mit den Denkanstößen mitnehmen, in den benachbarten, denkmalgeschützten Kurhausgarten spazieren – bis heute ist der kleine Park geprägt von dem berühmten Frankfurter Gartenkünstler Philipp Siesmayer – und sich nahe der mächtigen Platanen oder alten Lindenbäumen auf einer Parkbank schon mal einlesen. Und wenn kein passendes Buch dabei war, lohnt es sich, am nächsten Tag wiederzukommen, denn in der Bücherzelle vor dem Kurhaus herrscht ein reger Austausch.

● Bücher-Telefonzelle vor dem Kurhaus, Louisenstraße 58, 61348 Bad Homburg
● ÖPNV: diverse Buslinien, Haltestelle Kurhaus

9 NOV
EXIT CASABLANCA
16 NOV
CITY LIGHTS
17 18 NOV
¡CARMEN!
27 NOV
MOTOWN GOES CHRISTMAS
1 DEZ
RUFUS BECK
8 DEZ
10 DEZ
BAUER SUCHT CHRISTKIND
31 DEZ
PASADENA ROOF ORCHESTRA
NEU START KULTUR
INTHEGA
Bücherzelle
HERZ LEID LOS
13. BAD HOMBURGER POESIE & LITERATURFESTIVAL

# Im Frühtau zu Berge

## 38 Der Brunhildisfelsen auf dem Großen Feldberg

In aller Frühe aufgestanden, den Picknickkorb gepackt, ins Auto geladen und losgefahren Richtung Großer Feldberg. Die Fahrt geht leicht bergan vorbei am Römerkastell Saalburg, noch ein Stückchen höher, bis ganz hinauf zum Großen Feldberg. Die Luft ist frisch und klar, genauso wie der strahlend blaue Himmel. Die Sonne müht sich redlich, die noch nachtkühle Morgenluft aufzuwärmen, aber es wird noch ein Weilchen dauern, bis es wirklich sommerheiß ist. Es geht Richtung Brunhildisfelsen (Schuhe mit Profil sind ratsam, auch wenn es ein kleiner Kletterweg hoch auf den Felsen ist) auf dem Plateau des Berges. Und dann sitzt man da, morgens um sieben, und die Welt ist in Ordnung. Ein Glück, das man zu dieser Zeit lediglich mit dem jungen Fuchs teilen muss, der im Gebüsch und Gestrüpp unterhalb des Felsen umherstreift, immer mal wieder Witterung aufnimmt, dann weiterläuft. Der Blick ist traumhaft weit: über den Hohen Taunus und das Usinger Land.

**TIPP**
Im Falkenhof, Hessens ältester Falknerei am Feldberg, sind Freiflüge der Greifvögel ein Erlebnis.

Für einen Ausflug auf den Großen Feldberg – mit einer Höhe von 881 Metern immerhin der höchste Berg des Taunus und einer der markantesten Mittelgebirgsgipfel Deutschlands – lohnt es sich wirklich sehr, mit den frühen Vögeln aufzustehen. Dann ist man vor den vielen Ausflüglern da, denn es kann schon richtig voll werden hier oben. Zu jeder Jahreszeit ist es hier herrlich. Im Frühling zum Durchlüften, im Sommer, um Abkühlung zu finden, im Herbst machen die Drachen den grauen Himmel bunt und im Winter sind die Hänge fest in der Hand der Schlittenfahrer. Der Aussichtsturm auf dem Großen Feldberg hat eine Höhe von rund 40 Metern und bietet eine rundum verglaste Aussichtsplattform, die nach 100 Stufen erreicht wird.

Zurück zum Brunhildisfelsen, der bereits im Jahr 1043 in einer Urkunde erwähnt wird. Viele Sagen ranken sich um den Quarzitstein, Siegfried, der Held aus dem Nibelungenlied, soll Brunhild hier mit einem Kuss aus ihrem Zauberschlaf erweckt haben. Eine schöne Geschichte – vor allem aber ein wunderbarer Ort.

- Brunhildisfelsen auf dem Großen Feldberg, 61389 Schmitten
- ÖPNV: Bus 57, Haltestelle Großer Feldberg

# Weltklassemusik im Zentrum

## 39 Die Kronberg Academy

Voller Höhen und Tiefen, zart und aufbrausend, klassisch und modern, forte und piano, in Dur und in Moll – das ist die Stimmung, in der Kronberg schwingt. Die Stadt, die so bekannt ist für ihre Burg, für Fachwerkhäuser und Altstadtgassen, birgt einen großen musikalischen Schatz: die Kronberg Academy. Sie bringt die Stadt zum Klingen und macht sie zum internationalen Künstlerzentrum.

Seit 1993 werden an der Kronberg Academy junge hochbegabte Musikerinnen und Musiker, handverlesen und aus aller Welt, ausgebildet und gefördert. Sie sind allesamt Streicher, spielen Geige, Bratsche und Cello. Für die Kronberger heißt das: Sie kommen in den Genuss von Konzerten auf höchstem Niveau; alle 2 Jahre findet zum Beispiel ein Kammermusikfestival statt. Und ein bisschen ist das wie in die Glaskugel schauen, denn wer heute in Kronberg spielt, kann morgen ein gefeierter Star auf den großen Bühnen in New York, London oder Sidney sein.

Auch wenn die Academy einzigartig ist, genauso wie ihre Schüler, ihre Lehrer, wie ihre Musik, so ist es den Trägern doch ein ganz besonderes Anliegen, mittendrin zu sein im Herzen der Taunusstadt. Dazu trägt auch das neu eröffnete Casals Forum in der Nähe des Bahnhofs Kronberg bei. Der unglaublich schöne Bau, der nach Plänen des Berliner Architekten Volker Staab errichtet wurde, schafft mit seiner Glasfassade eine Verbindung aus dem Konzertsaal in den Victoriapark. Das hätte dem Namensgeber des Forums, dem weltberühmten Cellisten Pablo Casals, ganz sicher gefallen, denn Kunst und Natur bildeten für ihn eine Einheit. Außerdem gehört ein Studienzentrum zum Forum.

Doch es sind nicht nur die großen Konzerte, die im Veranstaltungskalender der Academy stehen, auch an die ganz jungen Musikbegeisterten wird gedacht. Für sie geht es bei Classic for Kids mit Ohrwurm Theophil auf eine musikalische Entdeckungsreise. Dann klingt es in der Zehntscheune in Kronberg meist hell, fröhlich und manchmal auch wild durcheinander – Musik mitten aus dem Leben eben.

- Kronberg Academy, Beethovenplatz 1, 61476 Kronberg, Tel. (0 61 73) 78 33 78
  www.kronbergacademy.de
- ÖPNV: diverse Linien, Haltestelle Kronberg

# Gut Holz

## 40 Die Viertelstundenbank in Kelkheim

Manchmal kommt es im Leben auf jede Minute an. Schließlich kann jede Minute kostbar sein. Mit einer Viertelstunde dagegen wird oft großzügig umgegangen, plus minus 15 Minuten heißt es dann meist etwas vage, nicht zu viel und nicht zu wenig Zeit, großzügig aufgerundet. Jeder Mensch erfahre in seinem Leben eine Viertelstunde Ruhm, behauptete gar Andy Warhol, der US-amerikanische Pop-Künstler, ein wenig von oben herab. Damit war er aber auf dem Holzweg.
Diese Viertelstunde Ruhm erfährt die schlichte, aber durchaus massive Holzbank, die am Eingang des Kelkheimer Waldlehrpfads steht, jeden Tag mehrmals. Immer dann, wenn sich ein Wanderer, ein Kind oder ein Erwachsener, ja selbst wenn ein Hund sich für eine Viertelstunde auf ihr niederlässt. Manche machen im Vorbeigehen ein Foto oder halten für einen Augenblick an und lesen interessiert das Schild, das neben dieser beliebten Bank steht. In besagter Viertelstunde wächst ebendiese Menge Bank-Holz im Kelkheimer Wald nach. Eine Menge, die man sich kaum vorstellen kann. Die Viertelstundenbank befindet sich am Eingang des von der Schutzgemeinschaft Deutscher Wald Kelkheim angelegten Lehrpfads im Wald am Ende der Gundelhardtstraße. Auf den Hinweistafeln steht allerhand Wissenswertes zum Leben im Wald und seinen Bewohnern. Zu ihnen gehört der Specht, der unermüdlich seinen Rhythmus ins Holz klopft. Auch ein riesiges Insektenhotel kann man bestaunen. Auf 500 Metern Länge geht es dann entlang an mehr als 80 heimischen Bäumen und Sträuchern, manche davon mehr, manche weniger alte Bekannte wie der Faulbaum, auch Schießbeere genannt. Und da wir schon bei den magischen 15 Minuten sind: Eine Viertelstunde im Wald spazieren gehen, senkt das Stressempfinden, den Blutdruck und die Herzfrequenz. Wiederkommen lohnt sich also in jeder Hinsicht. Denn dadurch, dass der Lehrpfad hauptsächlich aus Laubbäumen besteht, ändert er sich zu jeder Jahreszeit und kann immer wieder aufs Neue entdeckt werden.

TIPP

Die Gundelhard von 1910 ist ein Traditionslokal, die Grüne Soße dort ausgezeichnet.

- Viertelstundenbank am Waldlehrpfad, Gundelhardtstraße, Eingang hinter der Sportanlage Am Taunusblick, 65779 Kelkheim
- ÖPNV: RB12, Haltestelle Kelkheim Bahnhof, ca. 1,2 Kilometer Fußweg

Viertelstundenbank
Setzen Sie sich doch
ein Viertelstündchen !
In dieser Zeit wächst im
Kelkheimer Stadtwald,
genau die Holzmenge nach,
aus der diese Bank
produziert wurde.

# Sommer in der Waffel

## 41 Der Eiswagen in den Wickerer Weinbergen

Mindestens 30 Menschen stehen in der Schlange vor dem kleinen altmodischen Eiswagen, warten geduldig und dann ist das Glück zum Greifen nahe: Was darf's sein? Zitrone, Stracciatella, Erdbeere, Vanille? Auf jeden Fall Vanille. Und eine Kugel Stracciatella. So muss ein kleines Stück vom Himmel schmecken.

Passend himmelblau-weiß ist der kleine runde Eiswagen, der immer an den Sommerwochenenden in den Weinbergen von Flörsheim-Wicker Am Steinweg steht. Michael Brons und sein Sohn Tim sind die ungekrönten Eiskönige von Flörsheim. Eis war schon immer eine große Leidenschaft von Michael Brons. Und irgendwann wurde aus dem Informatiker ein Gelatier, die kleine Maschine für den Hausgebrauch tauschte er gegen Profigeräte ein und eröffnete die Eismanufaktur Wicker. Was bei Brons in die Waffel kommt, ist nichts als die reine Natur – da versteht der Eismacher keinen Spaß. Die Zitronen werden von Hand ausgepresst, die Erdbeeren püriert, die Minze gezupft und die Schokolade gehackt und geschmolzen. Klar, Klassiker wie Schokolade oder Pistazie gibt es immer. Aber die Sorten folgen auch dem Jahreskreislauf: Das Frühjahr startet mit Pfefferminz-Eis, Riesling-Eis wird zum Weinfest serviert, im Herbst Omas Apfelstrudel und im Winter wärmt Pflaume-Zimt ganz wunderbar die Seele. Bei ihren Kreationen lassen sich Vater und Sohn inspirieren: Ihr Nyangbo-Eis aus edler weißer Schokolade, Karamell-Pekannüssen und Kakaobohnen etwa ist eine Besonderheit. Ansonsten gilt: Spezialität des Hauses – alles.

Das können die großen Kunden ebenso bestätigen wie der Nachwuchs, für den am Eiswagen ein Hocker für den besseren Überblick bereitsteht. Der Wagen hat eine so idyllische Lage, dass sich direkt ein kleiner Spaziergang durch die Weinberge anbietet, geradezu auf die Flörsheimer Warte. Und wer am Ende des Spaziergangs wieder am Eiswagen vorbeikommt, nimmt gern noch eine Kugel als Wegzehrung für den Heimweg mit. Nach der Saison gibt es das Eis in Bechern nach Rücksprache in der Manufaktur.

**TIPP**

Die stilisierte gelbe Traube mit grünen Weinblättern führt auf dem Wickerer Weinweg durch die Lagen.

- Eismanufaktur Wicker, Am Steinweg, 65439 Flörsheim, Tel. (0175) 2 26 52 92 www.eismanufaktur-wicker.de
- ÖPNV: Bus 808, 817, 819, 820, Haltestelle Flörsheimer Straße, ca. 650 Meter Fußweg

Gelato Originale
www.eismanufaktur-wicker.de

# Mittelalter trifft Moderne

## 42 Der Hochheimer Markt

Wüsste man es nicht besser, könnte man glatt glauben, dass der Rummel, den Astrid Lindgren in ihrer „Michel"-Geschichte beschreibt, gleich neben Hochheim liegt. Tut er natürlich nicht, aber der Markt in Hochheim ist mindestens ebenso ein Erlebnis wie bei Astrid Lindgren in Småland. Auch weil er ein bisschen aus der Zeit gefallen zu sein scheint, etwa mit seinen Krämern.

Mit seiner Mischung aus Volksfest, Messe und Jahrmarkt ist der Hochheimer Markt ein einmaliges Ereignis. Er beginnt am ersten Wochenende nach Allerseelen und geht über ganze 5 Tage – und das bereits seit mehr als 500 Jahren. Hier ist man immer mittendrin im Getümmel. Die Kramhändler bieten an ihren Ständen Kehrbesen, Holzlöffel, Gewürze, Tee und Socken. Eine Wahrsagerin kann die Zukunft aus der von Zuckerwatte verklebten Hand lesen. Die Kinder fahren mit wehenden Haaren Kettenkarussell oder schauen aus dem Riesenrad von oben auf die Mainstadt herab. Nervenkitzel für die Großen gibt es beim Höhenrausch oder dem Break Dancer. Das Festzeltbier fließt ebenso in Strömen wie der – selbstverständlich nur Hochheimer – Wein. Für viele Besucher gibt es traditionell den ersten Glühwein auf dem Hochheimer Markt.

Sonntags lockt die Tierschau mit Galloways und anderen besonderen Rinderrassen die Menschen an. Ganz früh am Morgen geht es dann am Marktmontag auf dem Viehmarkt rund. Dann werden Pferde, Ponys, Ziegen, Schweine, Schafe, Hasen und Federvieh verkauft. Von nah und fern kommen, damals wie heute, Viehzüchter, um ihre Jungbullen und Färsen voller Stolz auf der bundesweiten Jungtierschau vorzuführen. Nach altem Brauch werden die Geschäfte mit kräftigem Handschlag besiegelt. Dienstag ist traditionell Familientag, der um 19 Uhr mit einem großen Abschlussfeuerwerk ausklingt. Der Hochheimer Markt kann mit vielen Superlativen aufwarten. Doch wichtig war den Marktmeistern seit Generationen immer eins: das besondere Flair zu bewahren.

- Hochheimer Markt, Am Weiher, 65239 Hochheim
- ÖPNV: Bus 48, 68, 809, Haltestelle Aleestraße; S1, Haltestelle Hochheim, ca. 1,8 Kilometer Fußweg

# An der Quelle

## 43 Die Brunnen im Bad Homburger Kurpark

Wir versetzen uns zurück ins 19. Jahrhundert, dieses ereignisreiche Jahrhundert, das auch in Bad Homburg seine Spuren hinterlassen hat. Kaiser Wilhelm II. regiert, und wenn er nicht seinen Amtsgeschäften nachgeht, pflegt er Geist und Körper. Das tut er, wie viele andere gekrönte Häupter, reiche Herrschaften und Intellektuelle auch, in Bad Homburg, welches längst kein verschlafenes Städtchen im Taunus mehr ist, sondern in die illustre Runde der Salons de l'Europe gehört. Dort werden Rheuma, Magenleiden, Herzprobleme oder nervöse Zustände mit Schlammpackungen, Bade- und Trinkkuren gelindert. Und obendrein findet man sich beim Spaziergang auf der Promenade, beim Ball oder Kurkonzert in bester Gesellschaft – etwa von Otto von Bismarck, Oscar Wilde, Friedrich Hölderlin und König Edward VII. von England.

Glanz und Gloria sind inzwischen verblasst. Geblieben sind Bad Homburgs ausgezeichneter Ruf als Kurstadt – und die Quellen im Park. Sie sind frei zugänglich und ermöglichen eine ganz persönliche Trinkkur. Viele kommen mit Flaschen oder Krügen in den Park, um sich an ihrer bevorzugten Quelle Heilwasser abzuzapfen. Am Stahlbrunnen beispielsweise, der – *nomen est omen* – reich an Eisen ist. Dies versetzte den Chemiker Justus Liebig 1841 in einen wahren Glückstaumel, und so schrieb er über die Quelle: „Der Eisengehalt ist weit über meine Erwartungen größer. (…) Ich betrachte dies für Homburg als ein sehr glückliches Ereignis.“ Die bedeutendste Heilquelle stellt heute noch die Elisabethen Quelle dar. Ihr salziges Wasser soll Magen- und Darmbeschwerden lindern. Wunderschön anzusehen ist der Brunnen allemal, im Inneren sitzt die Statue der Hygieia, der griechischen Göttin der Gesundheit. Schilder an allen Brunnen erklären kurz und knapp, wozu das Wasser gut ist und wie es getrunken werden soll.

Wer ein Glas mitbringt, kann an einer der Quellen eine Portion abzapfen, entlang der Orangerie schlendern, die einst Wandel- und Trinkhalle war, und sich fühlen wie anno dazumal.

TIPP

Es gibt regelmäßig Führungen durch einen der größten und schönsten Kurparks Deutschlands.

- Quellen im Kurpark, 61348 Bad Homburg
  www.bad-homburg-tourismus.de
- ÖPNV: S5, Haltestelle Bad Homburg, ca. 800 Meter Fußweg

BENIGNISSIMAE

# Blick übers Tal

## 44 Der Pferdskopf bei Treisberg

Also, wenn jetzt gleich Rotkäppchen hinter dem nächsten Baum hervorkommt, reibt sich sicher niemand verwundert die Augen. Den bösen Wolf gibt's hier zum Glück nicht, nur herrliche Ruhe inmitten schönster Natur. Wie im Märchen ist es in diesem Wald bei Schmitten. Bei dieser Wanderung ist definitiv der Weg das Ziel. Zu zauberhaft ist es hier, um geradewegs zu gehen. Es lohnt sich, immer wieder zu verweilen und sich ganz genau umzuschauen, auch zu fühlen. Bizarre Felsformationen, die an den Abhängen zum Klettern locken; dazwischen wachsen alte, mächtige Buchen. Und immer wieder dieser Teppich von weichem sattgrünem Moos. Hier möchte man liegen, so sanft und weich gebettet, und in den blauen Himmel schauen. Am liebsten stundenlang.

Und dann ist doch das Ziel gekommen, ein Aussichtsturm, der auf der Spitze des Pferdkopfs steht. Wer den Aufstieg wagt, gewinnt: Sind die knapp 170 Treppenstufen erklommen und ist die Spitze des Holzturms bei etwa 34 Metern erreicht, wird die Aussicht atemberaubend schön. Vom Turm bietet sich ein Rundblick auf die umliegenden Taunushöhen des östlichen und westlichen Hintertaunus, des Hohen Taunus mit der fast kompletten Aussicht auf den Taunushauptkamm, den Großen und den Kleinen Feldberg sowie in das Usinger Becken und das Weiltal. Vor oder nach dem Aufstieg laden Bänke rund um den Pferdskopf zum Rasten und Ruhen ein. Und auch von hier unten ist der Blick auf den Turm mit seiner beeindruckenden Holzfachwerk-Konstruktion einmalig. Um 1895 stand an dieser Stelle eine knapp 20 Meter hohe Stahlkonstruktion, die in den 60er-Jahren des vergangenen Jahrhunderts abgerissen wurde. In seiner jetzigen Form steht der Turm seit 1987 an Ort und Stelle.

Zurück zum Waldparkplatz geht es dann schnell und damit wird es Zeit, wieder in der Wirklichkeit anzukommen. Auch im Winter lohnt sich ein Ausflug hierher. Am Hang des Pferdskopf gibt es zwei Skilifte, die zur steilsten Skipiste des Taunus führen, und einen Rodelhang.

● Aussichtsturm Pferdskopf, Start am Wanderparkplatz Treisberg, 61389 Schmitten ● ÖPNV: Bus 82, Haltestelle Treisberg

# Musikstunde im Park

45

## Das Kurensemble in Bad Homburg

Bei diesen Klängen möchte man die Augen schließen und sich wegträumen in eine kleine Bar im Süden Amerikas. Laut und leidenschaftlich jammen sechs Musiker miteinander, „Back home from Indiana“. Für ein paar Minuten wird die Konzertmuschel im Kurpark von Bad Homburg tatsächlich zum Jazzkeller. Aber Augen auf! Es wäre doch zu schade, die Soli zu verpassen: Alexander Rodin an der Klarinette, Vitaliy Baran an der Trompete, Matthias Sauerbier am Sax, Paul Pflanz, der unfassbare Paul, am Schlagzeug, Momcilo Mihajlovic am Elektrobass und Andrei Shabashev am Klavier. Applaus, immer wieder, für jedes Solo.

Jazz also und Walzer, Operettenmelodien und Oldies, Klassiker und Klezmer, Oldies, Pop, Filmmusik – das Repertoire des Sextetts umfasst 2000 Stücke. In den Sommermonaten spielt das Kurensemble dienstags bis sonntags um 15 Uhr im Musikpavillon im Kurpark. Momcilo Mihajlovic, den sie alle nur Mike nennen, schaut auf seine Zuhörer, die auf den weißen Bänken Platz genommen haben. Mit mehr als 35 Jahren Erfahrung als Kapellmeister sucht Mike spontan aus, was ihnen gefallen könnte. Wünschen darf man sich auch was, vorne an der Bühne, „Wir sind doch eine große Familie“. Es gibt auch Kompositionen, die einst dem Bad gewidmet waren und die Kurgäste schon vor mehr als 100 Jahren unterhielten, etwa der Homburger Sprudel-Galopp oder die Amboss-Polka. Jeder der Musiker auf der Bühne hat seine bewegte Geschichte, reiste auf Schiffen einmal um die Welt, spielte hier und da und dort mit großen Persönlichkeiten. Paul steht, oder besser sitzt, seit 1934 hinter seinem Schlagzeug auf der Bühne, kennt Elvis Presley und Louis Armstrong und hat zusammen mit Zarah Leander und Udo Jürgens gespielt.

Weiter geht's im Takt mit dem Valse des fleurs, dem Blumenwalzer aus Tschaikowskys Nussknacker-Suite; monumental erklingt die Melodie aus „Exodus“. Wer keine Zeit hat, Platz zu nehmen, hält zumindest kurz beim Joggen oder Gassigehen inne und träumt, vielleicht von der Bar im Süden Amerikas.

**TIPP**

Wer ein Stück feine Torte zur Musik genießen möchte, setzt sich in das Café „Orangerie im Kurpark“.

- Kurensemble im Musikpavillon im Kurpark, Brunnenallee, 61348 Bad Homburg
- ÖPNV: diverse Buslinien, Haltestelle Rathaus, ca. 550 Meter Fußweg

# Alles im Fluss

## 46 Am und im Liederbach in Kelkheim

Früh am Morgen ist es noch kühl, an den Grashalmen haben sich kleine Tautropfen aufgereiht, ein leichter Wind geht. Diese Frische kündet von dem, was der Nachmittag bringen wird, nämlich eine flirrende Hitze. An solchen heißen Tagen ist das Leben besser mit Wasser zwischen den Zehen.

Rucksack packen, Handtuch nicht vergessen und nichts wie raus an den Liederbach. Er ist gut 16 Kilometer lang und kann vom Stadtteil Hornau über Kelkheim bis Kelkheim-Münster begleitet werden. Aber nicht nur vom Ufer aus! Sandalen aus und rein ins Nass, in *die Bach,* wie die alten Kelkheimer sagen. Vorsichtiges Rantasten auf Zehenspitzen, denn das Wasser ist ganz schön kalt – und nach wenigen Minuten der Eingewöhnung einfach nur noch wunderbar erfrischend. Die Großen nennen es vielleicht Kneippen und tun etwas für die Gesundheit. Für die Kleinen ist es einfach nur ein Heidenspaß.

Eigentlich ruht der Liederbach in sich selbst in seinem breiten Bachbett und fließt ganz gemächlich vor sich hin – bis auf die Stellen, an denen aus Steinen und Ästen kleine Staumauern errichtet wurden. Dann rauscht der Bach, macht seinem Namen „Lieder" alle Ehre, der von dem althochdeutschen Wort *liodar* kommen soll, was so viel wie Rauschen heißt. Das Wasser findet seinen Weg, dem muss etwas entgegengesetzt werden: Kinder schleppen eifrig Steine bei, große Wacker, kleine Kiesel, das Wasser steigt, geschafft – bis der nächste Durchbruch kommt. Die Natur ist hier recht unberührt. Wer mag, kann die Bachlebewesen beobachten, die unter den Steinen hausen, Insektenlarven, Krebse, Schnecken und Würmer. An einem sonnigen Plätzchen sitzt eine strahlend blaue Libelle, ein Enterich schnattert sich den Weg frei. Aus einer Rinde, einem Stöckchen und Blättern ist schnell ein Schiffchen gebaut. Kaum zu Wasser gelassen, zieht es von dannen. Grüß uns die Südsee. Oder wenigstens Main, Rhein und Nordsee auf deiner weiteren Strecke.

**TIPP**

Ball, Inliner oder Skateboard einpacken für den benachbarten Bolzplatz mit Skateranlage.

- Liederbach, Rotebergstraße 30, 65779 Kelkheim
- ÖPNV: RB12, Haltestelle Kelkheim-Hornau Bahnhof, ca. 750 Meter Fußweg

# Ein Traum von Baum

## 47 Taunus-Weihnachtsbäume in Neu-Anspach

Aus heiterem Himmel hat es über Nacht geschneit. Nicht viel, gerade so, dass die Felder und Wiesen, Straßen und Wege puderzuckerzart bedeckt sind. Das perfekte Wetter eine Woche vor Heiligabend, ein Wetter, um den Weihnachtsbaum zu besorgen. Zehn, vielleicht auch 15 frisch geschlagene Bäume stehen verteilt auf dem Hof von Taunus-Weihnachtsbäume in Neu-Anspach. Seit mehr als 60 Jahren werden hier Bäume gezüchtet. Die Chefin des Hofes, Manuela Groos, greift sich resolut einen Baum heraus, hält ihn mit ihren behandschuhten Fingern an der Spitze fest, präsentiert ihn aufrecht der wählerischen Kundschaft. Viel zu groß. Dann vielleicht dieser? Viel zu klein. Noch ein paar Bäume mehr werden begutachtet, zu schmächtig, zu buschig, zu schief. Der Christbaum, der es werden soll, ist nicht dabei. Nun, rät Frau Groos mit Engelsgeduld, dann bleibt noch der Besuch draußen auf der Weihnachtsbaumplantage, ein paar Hundert Meter vom Hof entfernt. Dort können die Besucher sich ihren Traumbaum selbst schlagen.
Bäume, so weit man sehen kann: Nordmanntannen, Blaufichten, Rotfichten, Kiefern aus eigenem Anbau. Dieser wäre ganz schön oder jener, und der dort drüben ist auch nicht schlecht. Aber ganz schön oder nicht schlecht ist noch lange nicht perfekt. Also weiter durch die Schonung stapfen. Wie es hier duftet! Und dann steht er plötzlich da: der Traum von einem Baum. Das ist ein großes Glück, dass noch niemandem sonst dieser weihnachtswunderschöne Baum aufgefallen ist. Die Entscheidung ist gefallen, mit der Säge vom Hof ist der Stamm ruckzuck durchgesägt. Der Baum wird geschultert, zu Andreas Groos getragen, der ihn sachte durch die Netzröhre schiebt. Hilfe beim Verladen ins Auto oder Festbinden auf dem Dach gibt's natürlich dazu. Wer mag, kann auf dem Groos-Hof noch einen Glühwein trinken und dazu eine Bratwurst oder eine frische Waffel genießen. Und dann wird der Weihnachtsbaum feierlich nach Hause gebracht. Ganz weihnachtlich wird einem da ums Herz nach dem vielen Vorfeiertagsstress.

● Taunus-Weihnachtsbäume Andreas Groos,
Verkauf ab Hof in der Usinger Straße 2, 61267 Neu-Anspach
www.taunus-weihnachtsbaum.de
● ÖPNV: Bus 61, 62, 80, 82, Haltestelle Westerfeld Eiche

# Auf Schatzsuche

## 48 Der Trödelmarkt in Königstein

Für echte Flohmarktgänger sind es die glücklichsten Sonntage, wenn nach einem schier endlos langweilig-langen Winter endlich wieder Trödelzeit ist. Echte Flohmarktgänger haben auch ein sicheres Gespür für die kleinen Kostbarkeiten, selbst wenn sie in Kisten und Truhen vergraben sind. Und echte Flohmarktgänger sind entspannt, sie lassen sich treiben, verbringen Zeit an den Ständen, sie suchen nicht, sondern finden. Und sie kommen ohne große Erwartungen, denn sie wissen, das Gute wartet auf sie, sei es ein Buch, eine Brosche oder ein Bolerojäckchen. Alles da in Königstein, dazu ist die Kulisse und das Flair in der Burgenstadt einmalig.
Der Verein für Heimatkunde e.V. Königstein organisiert den Antik- und Trödelmarkt. Es gibt keine Neuware zu kaufen, das ist Gesetz und garantiert, dass die Stände keinesfalls mit Plunder und Ramsch überfrachtet sind. Bei Kaiserwetter in der Kurstadt ist rund um den Kapuzinerplatz, den Brunnen im Kurpark und in der Fußgängerzone viel los. Die Menschen stöbern die Tische entlang, gehen dort gleich weiter und verweilen hier. Die filigranen silbernen Tellerchen haben es einer Dame angetan. Sie zögert, der Verkäufer taktiert, sie einigen sich schließlich. Glück gehabt, beide sind zufrieden.
Das ganze bunte Leben hat sich am Fuße der mittelalterlichen Burgruine ausgebreitet: Puppenwagen, Vinyl-Schallplatten, Koffer, Teller und Tassen, Hüte mit Schleier, Karaffen, Ledermäntel und Granatketten – Schätze, die aus Kellern und von Dachböden gehoben wurden. Es wird gefachsimpelt über Margeritenengel, gefeilscht um den Teepott und in Erinnerungen geschwelgt. Dieses alte graue Telefon mit Wählscheibe, ist das zu fassen, ist heute ein kleines Vermögen wert. Wer zwischendurch eine Pause braucht, findet Erholung auf einer Bank im Kurgarten oder kehrt in eines der Lokale rund um die Fußgängerzone zu Milchkaffee oder Muscheln ein. Und irgendwann geht für echte Flohmarktgänger auch dieser Tag zu Ende – vielleicht mit so manchem Glücksgriff in der Tasche.

- Antik- und Trödelmarkt des Vereins für Heimatkunde e.V., 61462 Königstein
www.heimatkundeverein-koenigstein.de
- ÖPNV: Bus 805, Haltestelle Stadtmitte

MMERZBANK
WC

# Grüße aus Fernost

## 49 Chulalongkorn-Tempel im Kurpark Bad Homburg

Der frühe Vogel hat den morgendlichen Bad Homburger Kurpark ganz für sich allein. Lediglich die Eichhörnchen sind schon unglaublich geschäftig, flitzen die Stämme der Kastanienbäume hoch und runter auf der Suche nach Vorräten. Die Luft ist so frisch und klar, dass jeder Atemzug kleine Wölkchen auf die Reise schickt. Auf eine Reise nach Fernost.

Über die leuchtend rote Brücke führt der Weg dorthin. Weit weg, viele Tausend Kilometer, in das Land mit glitzernden und glänzenden Tempeln: nach Thailand. Die Morgensonne hat leichtes Spiel. Sie verbreitet ihre ersten Strahlen, die noch nicht warm sind, aber alles zum Leuchten bringen. Der Chulalongkorn-Tempel sonnt sich in seinem Glanz. Welch zauberhafte Stimmung! Es lohnt, sich Zeit zu nehmen und den Tempel ganz genau zu betrachten. Zunächst von der Ferne, wie er mit den Bäumen drumherum, besonders im Herbst, zum Gesamtkunstwerk wird. Und dann von Nahem. Die Konstruktion besteht aus Teakholz, das mit Schnitzereien, Spiegelglas und Tausenden hauchdünnen Goldplättchen verziert ist. Weil er hier Genesung fand, schenkte Chulalongkorn, seinerzeit König von Siam, im Jahr 1907 der Stadt Bad Homburg als Zeichen seiner großen Dankbarkeit diesen Tempel. Der König ließ ihn in Bangkok fertigen und schickte ihn in Einzelteile zerlegt auf die lange Seefahrt in den Taunus. Es dauerte bis 1914, bis der Tempel, der die Reise nicht unbeschadet überstanden hatte, schließlich aufgebaut war.

Dass in einer Stadt außerhalb Thailands gleich zwei Thai-Salas zu finden sind, gibt es weltweit nur in Bad Homburg. Zur 100. Wiederkehr seines Kuraufenthalts setzte das thailändische Königshaus 2007 ein weiteres Zeichen der Verbundenheit: König Bhumibol und Königin Sirikit schenkten Bad Homburg die zweite Thai-Sala. Verbunden nur mit einer großen Bitte: Die Sala möge an der Chulalongkorn-Quelle errichtet werden. So erhebt sich die Thai-Sala neben der 1907 entdeckten und von Chulalongkorn selbst eingeweihten Heilquelle.

TIPP

Im Sommer wird rund um die Thai-Sala im Park ein zweitägiges Thai Festival gefeiert.

- Thai-Salas im Kurpark, Höhe Weinbergsweg und Paul-Ehrlich-Weg, 61348 Bad Homburg
- ÖPNV: Bus 6, 31, 33, Haltestelle Mara-Wards-Schule; S5, Haltestelle Bad Homburg, ca. 1,3 Kilometer Fußweg

# Traumhafte Aussichten

## 50 Der Wachholderhof in Bad Soden

Was geht hier vor sich? Noch bevor das eigentliche Ziel erreicht ist – der Wachholderhof hoch über den Dächern von Bad Soden nämlich –, fühlt man sich ganz und gar beseelt. Schon die Fahrt steil bergauf auf die Anhöhe zwischen Altenhain und Neuenhain ist ein Erlebnis. Die Obstbäume blühen im Frühjahr zart und zauberhaft. Und als sei das nicht genug, stehen sie inmitten knallgelber Rapsfelder. Dieser Anblick ist fast zu schön, um wahr zu sein.

Der Wachholderhof ist ein ganz wunderbares Fleckchen Erde. Die Blütezeit im April und Mai verzaubert auch die Besitzer noch immer, Annette und Andreas Stamm. Die Blüten von Quitte, Pfirsich, Birne, Mirabelle, Reineclaude und Pflaume – ein Traum in Blütenweiß und Rosarot. Da wird selbst die Skyline von Frankfurt, eigentlich ein atemberaubender Anblick am Horizont des Hofs, zur bloßen Kulisse für die Apfelbäume. Seit mehr als 15 Jahren bauen die Stamms auf ihrem Hof Obst an. Die Zahlen beeindrucken, 20 verschiedene Apfelsorten sind darunter, allein die Namen sind ein Gedicht: „Die Köstliche von Charneux" ist beispielsweise eine Birne, Collina und Rosetta sind Apfelsorten. Aus dem Obst werden Saft, Marmelade, Schnaps und Likör, Chips und natürlich Obst zum Naschen; vieles wird im eigenen Hofladen angeboten. Ebenso im Hofcafé, das Annette Stamm mit viel Liebe betreibt. Wann immer es ihr möglich ist, backt sie ihren Kuchen selbst, besonders gern ihren Himbeer-Crumble. Und der Suppe des Tages gilt oft die erste Frage der Stammkunden des Hofs.

Die kommen, Jung und Alt, natürlich auch der schönen Aussicht wegen. Die Lage des Obstguts ist einmalig, die Hochhäuser der Stadt zum Greifen nah und doch inmitten der Natur. Bei schönem Wetter sind die Tische und Bänke am Rande der Apfelplantage schnell besetzt; Kinder können sich auf dem kleinen Spielplatz austoben. Das ist wie ein kurzer Urlaub vom Alltag. Wer länger verweilen möchte, kann dies in einer der vier Ferienwohnungen tun, allesamt natürlich mit Skylineblick.

- Obstgut Stamm Hofladen, Wachholderhof 1, 65812 Bad Soden, Tel. (0 61 96) 9 98 98 14, www.obstgut-stamm.de
- ÖPNV: Bus 253, 811, Haltestelle Drei-Linden-Straße, ca. 1 Kilometer Fußweg

# Vorsichtige Schritte wagen

## 51 Der Barfußpfad in Bad Homburg

Füße tragen durchs Leben. Dabei können sie laufen und rennen, hopsen und balancieren, tapsen und tippeln. Tausende Nervenenden und Sensoren an den Sohlen der Füße geben ständig Rückmeldung: Der Kiesel ist spitz, der Sand reibt, das Gras kitzelt und der Stein ist heiß. Bei einem Spaziergang über den Barfußpfad lassen sich die Sinne schärfen, ganz bewusst. Und gesund ist es allemal, was schon Sebastian Kneipp, der Gesundheitsapostel, festgestellt hat. Muskeln und Bänder werden beim Gehen auf nackten Füßen gedehnt und gekräftigt, das Immunsystem gestärkt. Also: Schuhe aus und los geht's!

Der Barfußpfad, der zur Galerie Fleck in Bad Homburg gehört, ist außergewöhnlich. Genau genommen ist es gar kein Pfad, sondern eine 3500 Quadratmeter große Spielwiese für die Füße. Niemand muss sich an einen vorgegebenen Weg halten, sondern kann von hier nach da laufen, vorwärts, rückwärts, seitwärts. Kinder zieht es natürlich zuerst zum Sandkasten, der mit Wasser aus der Schwengelpumpe ruckzuck in eine Matschgrube verwandelt wird. Nasser Sand, der sich durch die Zehenzwischenräume schmatzt, was gibt es Herrlicheres?

Auch für erwachsene Füße gibt es viel zu entdecken. An manche Stationen muss man sich Schritt für Schritt herantasten, bei anderen heißt es: rein ins Vergnügen. Wie fühlen sich Tennisbälle unter den Fußsohlen an? Lässt sich das Profil der Autoreifen erspüren? Der Gang über den Heizkörper tut schon beim Hinschauen weh – in der Realität aber doch nicht? Ob die Dachziegeln noch die Wärme der Sonne gespeichert haben?

Als wäre das alles nicht schon genug, um Füße glücklich zu machen, ist dieser Barfußpfad gleichzeitig ein Ausstellungsraum. Stephan K. Müller ist der Künstler, für Pfad und Skulpturen. Im Kopf fange alles an, sagt er, und so sind seine Skulpturen Köpfe aus Holz, Speckstein und Metall. Sie zu betrachten verändert die Perspektive, denn Kunst und Natur gehen eine besondere Verbindung ein. So lassen sich neue Erfahrungen machen – von Kopf bis Fuß.

**TIPP**
Die Fleckmühle ist die wohl älteste Mühle im Hochtaunus. Sie wird erstmals im Jahre 1048 erwähnt.

● Barfußpfad der Galerie Fleck, Massenheimer Weg 13, 61352 Bad Homburg
www.galerie-fleck.de
● ÖPNV: Bus 2, 12, 22, 32, 33, Haltestelle Albin-Göhring Halle

# Lila Augenweide

52

## Die Stierstädter Heide in Oberursel

Die Weite ist es, die die Lüneburger Heide zu etwas ganz Besonderem macht. Lila, mal kräftig, mal ganz zart, von Millionen klitzekleiner Blüten bis zum Horizont und weiter. In Oberursel geht das lila Glück zwar nicht bis zum Horizont, es ist kleiner, bescheidener – und doch so wunderschön. Die Stierstädter Heide ist gut 3 Hektar groß und besteht seit dem Mittelalter. Damals holzten die Menschen die Fläche ab und verwendeten den Humus, um ihre Felder zu düngen. Daraus entstand der karge Boden, den das Heidekraut besonders liebt. Mittlerweile ist sie eine historische Kulturlandschaft, die in dieser Taunusregion selten ist. Eine alte Heidjer Faustregel besagt: Die Heide blüht jedes Jahr vom 8. August bis zum 9. September. Mit ein bisschen Glück können die ersten zart blühenden Flächen schon Ende Juli erspäht werden, bevor sich das Blütenmeer Tag für Tag weiter ausdehnt. Der Anblick ist wunderschön, die Farbe Lila in all ihren Schattierungen.

TIPP

An der Heide liegt auch ein kleiner Spielplatz mit Schaukeln und Rennhügel.

Eine Heide muss gepflegt werden, damit sie blüht. In der Lüneburger Heide erledigen das traditionell die Heidschnucken; bei ihren Wanderungen durch die Heide fressen sie Schösslinge und kleine Pflanzen rund um die Heide, damit ihr genügend Luft zum Atmen bleibt. Geschieht das nicht, würde die Heide vergrasen oder verwalden. In der Stierstädter Heide schwärmen immer wieder fleißige Helfer aus, die diese Arbeit erledigen. Dann wird gerupft und gezupft und auch mal gerissen, um unerwünschte Eindringlinge wie Birken, Ginster, Kiefern und Eichen zu entfernen. Die größte zusammenhängende Heidefläche im Vordertaunus muss auch für ihre kleinen Bewohner gehegt werden: Waldeidechsen, Zauneidechsen, Blindschleichen, viele Insektenarten – sogar der Kleine Heidehüpfer und die besondere Bechsteinfledermaus haben mittlerweile in der Stierstädter Heide ihre Heimat gefunden.

Wer einfach nur eine lila Pause einlegen und sich an diesem Naturschauspiel sattsehen möchte, kann auf den Baumstämmen am einzigartigen Heideflecken pausieren.

- Stierstädter Heide, An der Heide, 61440 Oberursel
- ÖPNV: Bus 43, 44, 252, 261, Haltestelle An der Heide, ca. 650 Meter Fußweg; RB15, U3, Haltestelle Oberursel, ca. 2 Kilometer Fußweg

# Gespür für Schnee

53

## Am Taunuskamm bei Bad Homburg

Was ist das nur mit dem Schnee, dass er einen unbedingt und sofort unfassbar glücklich macht? Dieses kribbelige Gefühl von Prickelbrause tief drinnen im Bauch auslöst? Und gleichzeitig so eine heimelige Stille über alles bringt? Dieses besondere Glücksgefühl lässt sich im Winter hoch oben im Taunus, auf der Höhe, erleben. Ist im Tal der erste Schnee längst in Schmuddelregen übergegangen, fällt oberhalb von 400 bis 500 Metern bei 1 bis minus 2 Grad aus den schweren Wolken tatsächlich die weiße Pracht. Wer den ersten Schnee des Jahres erleben möchte, fährt am besten nicht zum Großen Feldberg, denn da wollen alle hin. An der Saalburg, dem alten Römerkastell, hat man meist auch schon Schneeglück. Und nur wer wirklich früh unterwegs ist, wird in unberührter Natur den ersten Schneemann bauen.

**TIPP**

Die Anlage der Saalburg ist weltweit einmalig und gehört zum UNESCO-Welterbe Limes.

Der Weg hinauf auf die Taunushöhe fühlt sich ein bisschen so an, als wären die Schneesucher unterwegs. Meter um Meter geht es langsam immer weiter nach oben. Die Schneesucher schauen hier, schauen da, suchen mit den Augen den Waldrand ab. Liegt da etwa schon etwas von der weißen Pracht? Ein Puderzuckerhauch wenigstens? Es dauert ein bisschen, die Höhe will erklommen werden – und dann schneit es, mehr und mehr. Dicke Flocken tanzen trudelnd vom Himmel. Willkommen im Winter-Wunder-Taunus. Oberhalb Bad Homburgs auf dem Taunuskamm direkt neben dem Römerkastell Saalburg und dem Weltkulturerbe Limes bietet sich ein Halt an: Raus aus dem Auto, rein in die Schneekugel. Schnell sind mit eiskalten Händen Kopf und Bauch für einen kleinen Schneemann gerollt. Auch für eine Schneeballschlacht reicht der Schnee schon aus und für eine Winterwanderung durch den Wald auf der Anhöhe allemal. Wer Lust hat, läuft bis zur knapp 13 Meter hohen Jupitersäule, die zum Ensemble des Römerkastells Saalburg gehört. Schon aus der Ferne wirkt sie beeindruckend mit ihrer überlebensgroßen vergoldeten Jupiterstatue auf der Spitze. Der Schnee steht ihr gut.

Der erste Schnee des Jahres ist einfach immer der schönste.

● Schneetour am Taunuskamm, auf der Anhöhe an der B456 Richtung Usingen, An der Jupitersäule 10, 61350 Bad Homburg
● ÖPNV: Bus 5, Haltestelle Saalburg

# Frisch aufgegossen

## 54 Die Teezeit in Oberursel

Genau so muss es riechen: ein bisschen fruchtig, leicht herb, warm, weich, eben wie eine liebevolle Einladung zu einer gemütlichen Teezeit. So heißt auch der Laden, den Manuela Thiele in der Oberurseler Altstadt führt. Wenn eine Stadt keinen Teeladen hat, dann fehlt einfach etwas, sagt sie.

Tee ist ihre große Leidenschaft; Manuela Thiele hat viele Jahre in der Branche gearbeitet, bevor sie sich entschieden hat, sich selbstständig zu machen. An die 350 Sorten Tee hält sie in ihrem gemütlichen hellen Laden für die Kundschaft bereit, im Winter sind es sogar noch ein paar mehr. Von den klassischen Schwarztees über Roibuschtee bis hin zu Weißem Tee, Kräuter- und Früchtetees steht alles in großen Dosen in den Regalen. Besonderes Augenmerk legt Manuela Thiele auf reine Tees, beispielsweise japanische Grüntees, die sie selbst sehr gerne trinkt. Zu ihr kommen Stammkunden, die beispielsweise schon sehnsüchtig die neue Lieferung ihres Darjeeling First Flush aus dem Himalaya-Gebirge erwarten, aber auch immer wieder neue Teetrinker. Gute Beratung gehört zum Service und wer mag, kann sich im Laden auch eine schöne Tasse Tee zum Mitnehmen frisch aufbrühen lassen.

Die sorgfältige Auswahl ihres Sortiments ist der Teeliebhaberin enorm wichtig. Aber auch das Ambiente muss stimmen. Deshalb gibt es eine große Auswahl wunderschöner Kannen und Tassen aus verschiedenen Materialien zu kaufen. Kyusu beispielsweise, die traditionelle japanische Einhandkanne aus Ton, die besonders gern für hochwertige Grüntees verwendet wird. Heißt es nicht, Glück sei nicht käuflich? In Manuela Thieles Teezeit gibt es zumindest ein kleines Stück vom Glück zum Mitnehmen: den Glücksbringer-Tee nämlich, ein aromatisierter Früchtetee mit Himbeer- und Aprikosegeschmack. In dem cremig-fruchtigen Tee finden sich doch tatsächlich Zuckerstückchen in Klee- und Schweinchenform, die sich beim Aufguss auflösen und den Tee leicht süßen. So lässt sich das Glück also mit einer Tasse Tee in kleinen Schlucken genießen.

● Teezeit Oberursel, Ackergasse 9, 61440 Oberursel, Tel. (0 61 71) 2 79 24 95
www.teezeit-oberursel.de
● ÖPNV: Bus 41, 43, 44, 45, Haltestelle Marktplatz; S5, Haltestelle Oberursel Bahnhof

Kräutertee
MELLA'S IRISH
BUTTER FUDGE

# Eine bunte Truppe

## 55 Die Vogelburg in Weilrod

Natürlich ist es daheim immer am schönsten. Aber wäre man ein Vogel und würde statt am Amazonas in Deutschland leben, dann am allerliebsten in der Vogelburg in Weilrod. Was für ein fabelhafter Ort. Der kleine private Vogel-Zoo ist tatsächlich wie eine Burg angelegt. Die Häuser und Volieren sind aus Taunusschiefer gebaut, verwinkelt und verschachtelt geht's in den Gässchen auf und ab durch Tore, Gänge und Nischen. So viel gibt es zu entdecken: die kunstvollen Glasfenster, die Rosetten und Skulpturen, die Frösche im Seerosenteich. Wären da nicht die Vögel, um die es hier ja eigentlich geht und die die ganze Burg in Beschlag nehmen.

Seit mehr als 40 Jahren gibt es die Vogelburg in Weilrod, erschaffen von Hans Steiner, Vogelliebhaber aus Familientradition. Mittlerweile ist sie Zufluchtsort und Altersruhesitz für Papageien, die von ihren Haltern abgegeben werden (müssen). Ganz wichtig ist es dem Vogelzüchter auch, die Menschen bei der artgerechten Haltung der hochsensiblen Tiere zu unterstützen. In der Anlage leben mehr als 700 Vögel in Häusern und begehbaren Freifluganlagen. Dazu gehören Papageien wie Aras, Blaustirnamazonen, Graupapageien, Rotmasken- und Braunohrsittiche, Kakadus, Beos und viele mehr.

Am Eingang gibt's Futtertüten zu kaufen und die meisten Vögel lassen sich an den geöffneten Fenstern liebend gern aus der Hand füttern. Schön zu beobachten, wie sie mit ihrem Schnabel die Nüsse und Kerne knacken. Wer den Papageien ganz nah kommen möchte, kann in das Freifluggehege gehen. Doch Vorsicht: Ruckzuck ist die Futtertüte stibitzt und der Inhalt wird auf dem höchsten Ast verspeist. Noch mehr Kunststücke werden von den gelehrigen Vögeln in der Papageienschule vorgeführt. Im Café-Garten lässt sich inmitten des Gezwitschers herrlich verweilen. Spezialität des Hauses ist der Spießbraten vom Buchenholzfeuer. In seiner Vogelburg, sagt Hans Steiner, hat jedes Teil, liebevoll zusammengetragen, etwas zu erzählen, das macht die besondere Atmosphäre aus. Wie recht er hat.

- Vogelburg Weilrod, Vogelpark 1, 61276 Weilrod, Tel. (0 60 83) 10 40
  www.vogelburg.de
- ÖPNV: Bus 51, 62, 283, Haltestelle Vogelburg, ca. 500 Meter Fußweg

# Nah am Wasser

## 56 Das Waldschwimmbad in Neu-Anspach

Selten wurde wohl ein Schwimmbad so aus tiefem Herzen geliebt wie das Waldschwimmbad von seinen Neu-Anspachern. Schon in aller Herrgottsfrühe ziehen an manchen Tagen an die 50 Frühschwimmer ihre Bahnen durch das Becken. Mehr als 90 Jahre ist es her, dass sich der damalige Bürgermeister Emil Becker vom Parlament die Genehmigung für den „Bau des Bades zwischen Hardt und Fichten" holte. So liegt noch heute das Waldschwimmbad wunderbar idyllisch im oberen Usatal unweit des alten Ortskerns von Anspach. Die Usa war es auch, die das zunächst mit Lehm abgedichtete Holzbohlenbecken mit Wasser versorgte. Nach dem Krieg wurde das Bad grundlegend erneuert und das Gelände vergrößert.

Die Liegewiese ist so groß, dass wirklich jeder ein Plätzchen finden kann, ganz gleich ob nah am Wasser oder lieber in einer ruhigeren Ecke. Das Freibad wächst mit seinen Schwimmern mit: Die Kleinen tummeln sich im Kleinkindbecken, das von einem riesigen Sonnensegel geschützt ist, oder auf dem Spielplatz; die Jugendlichen ziehen sich gern in die Hawaii Surfside zurück, die sportlichen Erwachsenen pflügen durch das 50-Meter-Becken, springen vom 3-Meter-Brett oder rutschen zur Abkühlung Hals über Kopf ins kühle Nass. Auch ein Beachvolleyballfeld ist da, genug Platz zum Kicken und Körbewerfen und sogar ein Fitnessparcours – Schwimmer-Herz, was willst du mehr? Leckeres Essen zum Beispiel! Wichtig im Freibad ist die richtige Verpflegung, das weiß jedes Kind. Daher der Kiosk-Check: Jawohl, weiße Mäuse gibt es auf die Hand, Schaumzucker-Erdbeeren zum Glück auch. Und natürlich Currywurst. Saisoneröffnung im Waldschwimmbad ist immer am 1. Mai, das hat Tradition – egal wie warm oder kalt das Wasser ist. Viele Ideen schwirren den Verantwortlichen noch im Kopf herum, eine Sandbar mit Cocktails wäre fein für echtes Strandfeeling in Neu-Anspach. Open-Air-Kino gibt es bereits und bei schönem Wetter wird spontan Nachtschwimmen angesetzt. Niemand muss also in der Ferne schwimmen, das Gute liegt in Neu-Anspach nah.

- Waldschwimmbad, Weilstraße, 61267 Neu-Anspach, Tel. (0 60 81) 87 12
  www.schwimmbad-neu-anspach.de
- ÖPNV: Bus 60, 80, 82, Haltestelle Weilstraße, ca. 1 Kilometer Fußweg

Piraten Ahoi
Fitness + Ball-Sport
Grotte
Outdoor Sport
Schwimm Sport
Schlemmerbude

# Auf der grünen Wiese

## 57 Der Campingplatz The Eppstein Project

Freitagabends wird's gemütlich auf dem Campingplatz in Eppstein. Obwohl, was heißt gemütlich, das ist es hier draußen inmitten der beglückenden Taunusstille doch eigentlich jeden Tag. Höchstens wird es noch gemütlicher. Denn zum Start ins Wochenende hat die Bulli-Bar geöffnet: Es wird Craft Beer, *Äppler* und der hauseigene Gelagewein aus Rheinhessen ausgeschenkt und dazu werden Pulled Pork, Arancini oder Kartoffelspalten mit Joppie-Soße aus der Outdoor-Küche serviert. Manchmal gibt es auch Livemusik am Lagerfeuer. Und dann kann es schon mal spät werden, sehr spät, weil es eben so wahnsinnig gemütlich ist.

Dani Heinz und Ralf Bröske nennen ihren Campingplatz im Stadtteil Niederjosbach The Eppstein Project. Soll heißen: Stillstand gibt es hier nicht, zu viele Ideen schwirren den beiden im Kopf herum. Ihr Campingplatz darf und soll sich entwickeln – auch mit seinen Gästen. Beispiel gefällig? Die drei Duschen auf der grünen Wiese unter einem riesigen Kirschbaum, Blick über den Taunus. Hier lässt es sich im Sommer herrlich unter der Brause in den Himmel schauen. Das ist Naturglück pur. Da kann auch mal ein neugieriges Reh vorbeischauen. Und alles ist mit Herz und Leidenschaft gemacht, das ist Dani wichtig.

Der Campingplatz ist das ganze Jahr über geöffnet. Erste Adresse für alle Fragen, Sorgen, Nöte, Wünsche ist die Rezeption. Hier gibt es Wanderkarten genauso wie gekühlte Getränke und den hauseigenen Wein N11 Gelagewein. Auf dem 6,5 Hektar großen Grundstück verteilen sich an die 200 Stellplätze auf Terrassenebenen am Südhang. Teilweise ist es ganz schön steil, aber bislang hat es noch jeder Camper zu seinem Platz geschafft, notfalls mit Unterstützung durch den hauseigenen Traktor. Überall wachsen alte Obstbäume, Brombeerbüsche und anderes wildes Grün, ein Paradies, auch für die fünf Schafe, die sich auf der grünen Wiese satt fressen. Hier und da findet sich ein schönes Fleckchen Erde für Zelte. Gewerkelt wird auch an Schäferwagen. So richtig gemütlich ist das hier.

TIPP

Der hessische Radwanderweg R8 mit mehr als 300 Kilometern Länge führt direkt am Gelände vorbei.

- The Eppstein Project, Bezirksstraße 2, 65817 Eppstein, Tel. (01 76) 19 08 32 11 www.the-eppstein-project.de
- ÖPNV: S2, Haltestelle Niederjosbach, ca. 1,9 Kilometer Fußweg

LEMONAID+

# Über den Dächern der Stadt

## 58 Die Storchennester in Hochheim

„Habt ihr ihn noch nicht vernommen? Auf dem Dache sitzt er schon. Unser Storch ist heimgekommen, hört doch! Hört den frohen Ton!" Ganz trifft es nicht zu, was Hoffmann von Fallersleben in seinem Gedicht schreibt, in Hochheim sitzen die Störche mitnichten auf dem Dach, sondern bevorzugt auf Strommasten. Wer im März die Massenheimer Landstraße entlangfährt, entdeckt ihre weit ausladenden Horste. Und kann nicht anders, als voller Freude laut auszurufen: „Die Störche sind da!" Die Vögel mit ihren roten Beinen und dem langen Schnabel sind schon eine Weile in Hochheim heimisch. Ihr Erscheinen löst jedoch immer wieder Verzückung aus. Jahr um Jahr künden die Störche mit ihrem Rückflug aus wärmeren Gefilden an, dass der Frühling auch im Taunus nahe ist.

TIPP

Für das Frei-wie-ein-Vogel-Gefühl: die Aussichtskanzel Vogelnest im Kiesgrubengelände Silbersee.

Allerdings ist nicht alles Storch, was in den kunstvollen Nestern sitzt. Weil es auf den Strommasten durchaus gefährlich ist, sollen Plastikstörche signalisieren: Horst besetzt, bitte weiterziehen, am besten auf einen der schicken, eigens errichteten Holzmasten. Zum Beispiel im Stadtteil Massenheim; rund 16 Meter ragt der Mast dort zwischen der Pfarrgasse und dem Wickerbachtal in die Höhe. Doch darauf fallen die meisten der Taunusstörche nicht rein. Sie brüten stoisch in ihren Nestern auf den Masten ihre Eier direkt neben dem Plastikgefährten aus. Wer sich ein wenig Zeit nimmt, hört ihr Klappern von oben herab.

Ein geruhsameres Plätzchen hat das Storchenpaar auf dem Johanneshof beim Weingut Schreiber gefunden. Direkt unter dem Nest werden zwei junge Rebsorten angebaut: Calardis Blanc und Souvignier Gris. Das Cuvée wurde zu dem spritzigen Sommerwein „Unterm Storchennest". Der schmeckt nach Ananas und Aprikose – und wenn man die Augen schließt, auch nach großer Freiheit. Im Spätsommer, wenn der erste rauere Wind über die goldgelben Stoppelfelder weht, wird es für die Hochheimer Störche Zeit, auf ihre lange Vogelreise gen Afrika zu gehen. Mit ein wenig Glück heißt es im März dann wieder: „Die Störche sind da!"

- Storchennester entlang der Massenheimer Landstraße und am Weingut Schreiber, Johanneshof 2, 65239 Hochheim
- ÖPNV: Bus 46, Haltestelle Lindenhof; Bus 48, 807, 809, Haltestelle Heinrich-von-Brentano-Schule

# Eine für alle

## 59 Die Weilbacher Kiesgruben in Flörsheim

Ein Sonntag wie viele: Die Eltern möchten ins Grüne. Die Tochter hat Lust auf Bouldern, der Sohn will unbedingt auf einen Spielplatz. Und der Wochenendbesuch würde gern die Taunuslandschaft von oben betrachten. Wunderbar, dann ist der Ort, der alle glücklich macht, ja schnell gefunden: Auf geht's in das Regionalpark Portal Weilbacher Kiesgruben.

Schon von Weitem ist ein Turm zu erkennen. Ungewöhnlich schaut er aus. Ist das ein König mit einer riesigen Krone? Eine Fackel oder eine Blüte? Ein Vogel vielleicht? Stolze 41 Meter ist der Turm hoch. Nach 170 Stufen ist auf der Hälfte der Höhe die Aussichtsplattform erreicht, die aus dem Turm herausragt. In den Boden ist eine Glasplatte eingelassen – das sorgt für mächtig Kribbeln im Bauch. Wer den Schritt ins Nichts wagt, wird mit einer traumhaften Aussicht über den ganzen Regionalpark von der Mainmündung im Westen bis weit hinter Frankfurt im Osten belohnt. Fast scheint's, als wären die Flieger, die am nahe gelegenen Flughafen abheben und landen, zum Greifen nahe. Doch nicht nur in die Ferne lässt es sich träumen, das Gute liegt direkt zu Füßen.

Also rein ins Getümmel. Die Boulderwand hat durchaus ihre tückischen Stellen und lockt keineswegs nur Kinder an. Zuschauen oder in die Sonne blinzeln kann man von einer der gemütlichen Hängematten aus. Gleich nebenan auf dem Spielplatz rattern Steinchen die Kiesrutsche hinunter. Was als Nächstes? Barfußpfad oder eine Wanderung durch das angrenzende Naturschutzgebiet? Dort leben Kulane, Wildesel, die vor ein paar Jahren angesiedelt wurden. Unterwegs gibt es viele Beobachtungspunkte. Mit ein wenig Glück sind seltene Tiere wie Rohrweihe, Wechselkröten oder Milane zu sehen. Im Naturschutzhaus gibt es allerlei Wissenswertes rund um die Natur zu entdecken. Bei einem sind sich alle am Ende einig: Jetzt noch eine Stärkung im Gasthaus „Zum Wilden Esel". Die Außenterrasse ist wunderbar groß und liegt direkt am Teich, in dem die Frösche quaken.

**TIPP**
Im Besucherzentrum gibt es Honig der hauseigenen Wanderbienen zu kaufen.

- Regionalpark Portal Weilbacher Kiesgruben mit Naturschutzhaus, Frankfurter Straße 76, 65439 Flörsheim, www.regionalpark-rheinmain.de
- ÖPNV: Bus 820, Haltestelle Bahnhof Eddersheim, ca. 2 Kilometer Fußweg

# Angewandte Kunst

## 60 Der Weg Malerische Natur in Oberursel

Heißt es nicht, die Natur malt die schönsten Bilder? Und diese Bilder von Sonnenauf- und Sonnenuntergängen, von Mohnblumenwiesen und Bergseen hängen dann in den Wohnstuben oder in den Museen. Da hängen sie gut. Aber wie wäre es, würden sie genau dort hängen, wo sie entstanden sind? Würden dem Betrachter die Chance eröffnen, im Hier und Jetzt in das Werk einzutauchen, sich mit wirklich allen Sinnen auf die Kunst einzulassen? Das geschieht auf dem Weg Malerische Natur in Oberursel: Sieben Gemälde von Hans Thoma, Hanny Franke, Peter Burnitz, Georg Hieronymi und Jakob Maurer – nun ja, Kopien natürlich – wurden genau dorthin gebracht, wo sie herkommen, an den Ort ihrer Entstehung. Auf den Weg „Malerische Natur".

Der kurze Wanderweg führt über Feld, Wald und Wiese rund um Oberursel. Ein bisschen ist es wie bei einer Schnitzeljagd, wer findet den nächsten Kunst-Stopp? Start ist am Waldmuseum am Altenhöfer Weg. Hier informiert vorab eine Tafel über jene Orte, an denen die Maler ihre Motive fanden. Hans Thoma beispielsweise, er ist der Bekannteste unter den sieben und gehörte auch der Kronberger Malerkolonie an. Er verbrachte gern die Sommerfrische im Taunus, zog 1899 nach Kronberg. Er, der Romantiker, glücklich in der heimischen Natur, zeichnete das ausgedehnte Taunustal bis zu seinen fernen Höhenzügen.

„Taunuslandschaft" bei Oberursel heißt sein Bild, das er 1890 gemalt hat. Zart im Hintergrund die Ansicht der Stadt, der alles überragende weiße Kirchturm, davor mächtige Bäume. „Die Natur malt die schönsten Bilder", sagt der britische Schriftsteller und Maler John Ruskin, und weiter: „wenn wir nur die Augen haben, sie zu sehen." Und auch die Vorstellungskraft, denn so offen und frei wie früher ist der Blick auf die Stadt, die gern auch als Klein-Venedig tituliert wurde, längst nicht mehr. Weiter geht's entlang des „Blühenden Apfelbaums" über den „Frühling im Maasgrund" bis zum „Blick von den Kronthaler Wiesen". Eine bildschöne Strecke, um künstlerische Glücksmomente zu sammeln.

● Weg Malerische Natur, Start am Waldmuseum, Altenhöfer Weg, 61440 Oberursel
● ÖPNV: Bus 41, 45, 48, 49, Haltestelle TaunaBad; U3, Haltestelle Lahnstraße, ca. 1,3 Kilometer Fußweg

Regionalpark RheinMain
»Taunuslandschaft bei Oberursel« Hans Thoma, 1894, Lithographie (Vortaunusmuseum Oberursel)
Hans Thoma (1839 – 1924)
Nach einem Kunststudium an der Düsseldorfer Akademie wandte sich Thoma Ende der 1860er Jahre der neuen Strömung des Realismus zu. Er begann direkt nach der Natur zu malen und versuchte auf einen erzählenden Inhalt zu verzichten. Dies war damals ungewöhnlich. Die Sachlichkeit des französischen Realismus wurde in Deutschland bekämpft und daher hatte Thoma zunächst wenig Erfolg mit seinen Bildern. Dies änderte sich erst mit seiner Übersiedelung nach Frankfurt, wo er zwischen 1876 bis 1899 lebte. Dort entdeckte er auch den Taunus als neues Motiv seiner Landschaftsmalerei. In Oberursel hatte der Künstler sein Ferienhaus und daher stammen einige Motive seiner mittleren Schaffensperiode aus der Umgebung von Oberursel.
Wanderweg Malerische Natur
Kuratorium Vortaunusmuseum e.V.
www.regionalpark-rheinmain.de
Fraport
Regionalpark RheinMain

# Salve im alten Rom

61

## Die Taberna in der Saalburg Bad Homburg

Viele Zutaten braucht es nicht, Schafskäse, frische Kräuter wie Koriander, Dill und Schnittlauch, ein wenig Olivenöl, Pfeffer und Salz und – das macht sicher den besonderen Geschmack aus – eine Stange Sellerie. Fertig ist das Moretum, ein einfaches Gericht der antiken römischen Küche, wie es die Bauern gern gegessen haben. Die Taberna des Römerkastells Saalburg versetzt ihre Gäste ins alte Rom. Herd und Anrichte sind an archäologischen Fundstücken orientiert, die Theke originalgetreu mit Marmor verkleidet. Zum Moretum wird ein würziges Römerbrot serviert. Wer gern von allem kosten möchte, entscheidet sich für den Römerteller Taberna mit lukanischer Wurst, gebratenen und mit in Honig karamellisierten Champignons und Ei in Pinienkernsoße. Serviert wird auf Tontellern, dazu Wasser und Wein in kleinen Tonbechern. Die Römer wussten schon, was gut ist.

*Post cenam stabis aut passus mille meabis,* nach dem Essen sollst du ruhen oder tausend Schritte tun, besagt ein lateinisches Sprichwort. Unbedingt Letzteres – denn ein Rundgang durch das Römerkastell lohnt sich sehr. Wer durch das Haupttor geht (rechts geht es zur Taberna), begibt sich auf eine spannende Zeitreise. Um die Saalburg herum führt ein knapp 2,5 Kilometer langer Rundweg. Unterwegs gibt es versteckte archäologische Denkmäler, Rekonstruktionen römischer Wohnhäuser, Tempel und Heiligtümer zu sehen. Das wiederaufgebaute römische Kastell zählt ebenso wie der nahe gelegene Limes zum UNESCO-Welterbe. Auch den Limes-Grenzstein gibt es zu entdecken. Aber Achtung, hier wird das römische Reich verlassen!

Die Saalburg bietet das ganze Jahr über eine Vielzahl von Aktionen und Events an; dazu gehört auch ein Römischer Abend. Die Gäste erfahren, welche Gerichte damals auf dem Speiseplan standen und wie diese zubereitet wurden. Natürlich wird die „Culinaria Romana", die Maler, bildende Künstler und Dichter inspiriert hat, auch in einem Menü verkostet. Dazu werden Würzweine, Mulsum und Conditum Paradoxum, serviert. Auf die alten Zeiten!

TIPP

Die Saalburg bietet sonntags verschiedene öffentliche Führungen an.

● Römerkastell Saalburg, Am Römerkastell 1, 61350 Bad Homburg, Tel. (0 61 75) 9 37 40, www.saalburgmuseum.de

● ÖPNV: Bus 5, Haltestelle Saalburg

BESUCHEN SIE UNS
TABERNA
ANTIKE RÖMISCHE
UND MODERNE
KÜCHE

# Gute Nacht, Gepard

62

## Der Opel-Zoo in Kronberg

Ihre beste Zeit ist jetzt. Gegen 21 Uhr hat die Stunde der Stachelschweine geschlagen. Mikado-Paule, Distel und Snoopy machen sich über das Grünzeug in ihrem Gehege her. Die Nager sind nachtaktiv, im Freiland dösen sie tagsüber gern in ihren Bauen und Gängen. Dann bekommen die Besucher im Opel-Zoo in Kronberg die Dreierbande nur mit viel Glück zu Gesicht. Ein paar Meter weiter haben die Erdmännchen ihr Revier. Dass sie den lieben langen Tag damit beschäftigt sind, wie verrückt zu buddeln und zu spähen, ist bekannt. Dass sie dabei aber auch unablässig vor sich hin quatschen, bekommt man nur mit, wenn es ringsum still ist.

Das ist so spät am Abend ein ganz anderer Zoo. Es ist ruhig geworden, die Kasse hat seit 2 Stunden geschlossen. Bis Sonnenuntergang dürfen Besucher im Opel-Zoo in Kronberg bleiben, an langen Sommertagen also fast bis 22 Uhr. Und es lohnt sich sehr, das einmal auszuprobieren. Auf der Ziegenwiese kuscheln sich die Mamas mit ihren Jungen, denen schon die Augen zugefallen sind, eng zusammen. Die Giraffen sind in ihrem Innenbereich, doch noch denken die grazilen Schönheiten nicht daran, sich zur Nachtruhe in ihre Boxen zurückzuziehen. Immer wieder angelt eine lange Zunge noch ein Betthupferl aus dem Futterkorb.

**TIPP**

Es gibt Grillplätze, die kostenfrei gebucht werden können, etwa gegenüber dem Streichelzoo.

Seit 1955 gibt es den Opel-Zoo in Kronberg. Heute leben dort auf 27 Hektar an die 1700 Tiere in 200 Arten in weitläufigen Gehegen, darunter die einzigen Elefanten in Hessen. Besonderer Anziehungspunkt ist die Afrika-Savanne. Die beiden Geparde liegen ganz vorne an der Glasscheibe ihres Geheges. Träge blinzeln die Raubkatzen die späten Besucher an. Bei den Kängurus nebenan ist an Schlaf hingegen noch nicht zu denken, sie springen munter über die Wiese. Ganz zauberhaft ist die Abendstimmung oben am Berg bei den Mesopotamischen Damhirschen, der Blick nach Frankfurt atemberaubend schön. Plötzlich lautes Zetern, die Roten Varis haben Zoff. Vielleicht wollen sich die Lemuren aus Madagaskar aber auch einfach nur eine gute Nacht wünschen.

- Opel-Zoo, Am Opel-Zoo 3, 61476 Kronberg, Tel. (0 61 73) 3 25 90 30
  www.opel-zoo.de
- ÖPNV: Bus 261, X 26, X 27, Haltestelle Opel-Zoo

# Frisch vom Baum

## 63 Der Edelkastanienpfad in Mammolshain

Der Sommer gibt noch einmal alles. Und doch, die Stimmung ist eine andere, seit ein paar Tagen schon. Er kündigt sich an, hinterlässt kleine Spuren. Der kühle Wind, der immer mal ganz plötzlich aufkommt, das feuchte Gras, das in der frühen Sonne silbrig schimmert, der Nebel über den Feldern. Es zeichnet sich ab: Der Herbst kommt.
Der Herbst kommt? Ja, dann wird es höchste Zeit, Herbstschätze sammeln zu gehen. Kastanien zum Beispiel. Esskastanien, um genauer zu sein. Dazu führt der Weg nach Mammolshain-Königstein. Edelkastaniendorf nennt sich dieser kleine Flecken Erde, hingeduckt in den von der Sonne verwöhnten Südhang des Taunus. Das klingt vornehm, dabei ist das Kastaniensammeln eine durch und durch bodenständige Angelegenheit. Profis sind an Korb oder Stofftasche und Handschuhen zu erkennen, denn die Esskastanien sehen in ihrer grasgrünen Hülle zwar flaumzart aus, sind aber unglaublich stachelig.
Es gibt unterschiedlich lange Routen, denen Sammler hier folgen können; ein guter Startpunkt ist im Ort an der Kirche, wo die Erlebnispfade auf einer Infotafel beschrieben sind. Und dann springen einem die Maroni unterwegs fast von selbst in den Korb. Wo das Pflücken verboten ist, stehen Hinweisschilder. Ein bisschen was zu lernen, gibt es auch, etwa dass seit 1756 der Anbau von Edelkastanien – Kesten heißen sie hier – in Mammolshain urkundlich belegt ist, heute ist es der größte Hain Deutschlands mit Hunderten Bäumen. Der Sage nach haben Kreuzritter die Maronen aus südlichen Ländern mitgebracht. Auf einer offenen Wiese zwischen Mammolshain und Neuenhain angekommen, liegen sechs riesige Kastanien im Gras, gerade so wie frisch vom Baum gefallen, tatsächlich aber von Holzbildhauer Peter Meier gestaltet. Zeit für eine Pause mit Blick aufs nahe Frankfurt. Zurück daheim dauert es keine Viertelstunde, bis ein warmer, erdiger Geruch durch die Küche wabert. 5 Minuten später sind die Maroni gut. Heiß aus dem Ofen schmecken sie am allerbesten. Herbstglück geht durch den Magen.

TIPP

Beim Apfel- und Kastanienmarkt im Oktober in Mammolshain gibt es viele Leckereien.

● Edelkastanien-Erlebnispfad, Infotafel Ecke Borngasse/Vorderstraße, 61462 Königstein, www.ogv-mammolshain.de
● ÖPNV: Bus 85, Haltestelle Turnhalle

# Raus zum Badesee

## 64 Der Hattsteinweiher in Usingen

30 Grad und es wird noch heißer? Der Himmel blau, kein Wölkchen in Sicht? Dann nichts wie raus an den Hattsteinweiher. Der frühe Schwimmer hat den See ganz für sich allein. Schnell ist auf der großen Kleewiese ein schöner Liegeplatz für die Decke gefunden. Und dann rein ins kühle Nass, ohne Zögern und Zaudern, 21 Grad Wassertemperatur zeigt das Thermometer an. Das ist Erfrischung pur.

Der Hattsteinweiher in Usingen gehört zu den wenigen Badeseen, die es im Taunus gibt. Er ist wunderschön gelegen, den See umgrenzen Bäume des Usinger Stadtwalds, es ist herrlich grün ringsum. Auch zu Fuß oder mit dem Rad lässt sich der See beinahe ganz umrunden. Am Ufer gibt es einen kleinen Sandstrand. Der ist toll für die Kleinen, die mit Eimer, Schippe und Förmchen losgezogen sind. Aber auch für das Strandfeeling bei den Großen, denn was gibt es Schöneres, als warmen Sand zwischen den Zehen zu spüren? Der Nichtschwimmerbereich ist abgegrenzt und wer sich nicht wirklich sicher fühlt wie ein Fisch im Wasser, sollte sich an diese Begrenzung unbedingt halten. Der See ist mit 4 Metern sehr schnell enorm tief. Für diejenigen, die gern ihre Runden ziehen, ist das 1,6 Hektar große Gewässer aber einfach paradiesisch. Das finden auch die dicken Libellen, die die gelben Schwertlilien am Ufer wie kleine Hubschrauber umkreisen. Urkundlich im Jahre 1610 erstmals erwähnt, stellte der See einst die Wasserversorgung der Stadt Usingen sicher. Aber schon ab etwa 1870 wurde der Hattsteinweiher als Badestelle genutzt. In der Ferienzeit haben die Rettungsschwimmer der Deutschen Lebens-Rettungs-Gesellschaft e.V. ein wachsames Auge auf die Badegäste.

TIPP

Die Buchfinkenroute ist eine 35 Kilometer lange Radtour rund um die Stadt, die am See vorbeiführt.

Schwimmen macht bekanntlich hungrig. Wer sich keinen Proviant mitgebracht hat, schaut im Restaurant Neumann mit Seeterrasse und Biergarten vorbei. Es gibt natürlich Pommes, frisch und kross, Currywurst, Kuchen, Eis und andere Leckereien. Danach wird's Zeit für eine Runde Fußball, Frisbee oder Boccia. So lässt sich der Sommer aushalten.

- Hattsteinweiher, 61250 Usingen
- ÖPNV: Bus 59, 61, 62, 65, 80, 82, Haltestelle Stadthalle, ca. 1,6 Kilometer Fußweg

# Nonstop nach Nepal

## 65 Das Arboretum in Eschborn

Das Tor zur Welt steht weit offen. Es braucht weder Ticket noch Koffer, keinen Pass und keine Ausrüstung. Die erste Station der Reise startet in Europa. Hier gibt es die vertrauten Bäume zu entdecken, Ahorn, Kiefer und Eiche zur Linken, auf der rechten Seite stehen Tanne, Buche und Kastanie. Die Reise geht weiter zum Himalaya und nach Korea, gefolgt von Japan.

Eine große Baumsammlung nennt man das, was den Besuchern hier begegnet, ein Arboretum. Zwischen Sulzbach, Schwalbach und Eschborn wurde es vor mehr als 20 Jahren auf dem Gelände eines ehemaligen Flugplatzes angelegt. Über 600 Baum- und Straucharten der nördlichen Erdhalbkugel können die Reisenden in Sachen Natur hier entdecken: von den Laubwäldern Nordamerikas über die borealen Nadelwälder – sprich: Taiga – der Nordhalbkugel bis hin zu Wäldern des südlichen Mitteleuropas, (Klein-)Asiens und des Kaukasus. Die Reisestrecke durch das Arboretum ist meist gut befestigt und auch mit Kinderwagen oder Rollstuhl zu bewältigen. Die Trampelpfade machen Kindern besonders viel Spaß. Für sie gibt es auch einen kleinen Walderlebnispfad mit zehn Stationen, so können sie spielerisch den Wald erkunden, etwa beim Zapfen-Zielwerfen. Schilder und Pfeile weisen den Weg entlang des 2 Kilometer langen Rundgangs. Immer wieder lassen sich verwunschene und verborgene Plätze entdecken. Und dazu die skurrilsten Baumnamen: korkwütiger Spindelstrauch etwa oder Götterbaum. Am schönsten ist es im Arboretum im Frühling, wenn die Obstbäume ihre zarte weiße Blütenpracht zur Schau stellen. Im Sommer, wenn die mächtigen Bäume Schatten spenden. Im Spätherbst, wenn auf den Streuobstwiesen pausbäckige kleine Äpfel locken. Und natürlich im Winter, wenn der Schnee unter den Stiefeln knirscht und die Zapfen fallen.

Nach einer ungefähr 2-stündigen Reise kann es wieder nach Hause gehen, erfüllt von vielen neuen Eindrücken. Fotos vom Mammut, von der Grannen-Kiefer und der stacheligen Chilenischen Araukarie kommen auf jeden Fall ins Erinnerungsalbum.

TIPP

24 Gesteinsblöcke aus Hessen sind Zeugen der 3 Milliarden Jahre alten Geschichte der Erde.

- Waldhaus Arboretum Main-Taunus, Am Weißen Stein, 65824 Schwalbach
  www.hessen-forst.de/arboretum
- ÖPNV: Bus 252, Haltestelle Camp Phönix; S3, S4, Haltestelle Eschborn, ca. 2 Kilometer Fußweg

# Genießen im Grünen

## 66 Das Apfelland in Kelkheim

Es ist unglaublich idyllisch hier. Tief ein- und ausatmen, ankommen, wohlfühlen. Apfelbäume ohne Ende, mehr als 1000 an der Zahl. In Reih und Glied stehen sie auf der großen Streuobstwiese im Apfelland in Kelkheim. Das Apfelland ist ein Herzensplatz für alle. Die große Gruppe Freunde, die Stuhl um Stuhl heranzieht und den Kreis immer mehr erweitert, damit auch Platz ist für Kind, Kegel und Rauhaardackel. Die Radfahrer, die verschwitzt und mit hochroten Köpfen auf ihrer Taunustour einkehren. Das Pärchen, das sich in den hintersten Winkel der Wiese zurückgezogen hat, weil die beiden sich gerade genug sind. Die Familie, deren Kinder lieber auf den Ästen hoch oben in den Bäumen sitzen als auf den Bänken am Tisch. Die Sonnenanbeter in den Liegestühlen. Und sogar Ross und Reiter rasten nach einem Ritt durchs Schmiehbachtal. Für sie alle gibt es im Apfelland Platz, und zwar mehr als genug.

Die Familie Bender weiß, wie es geht, sie steht in der achten Generation für Gastlichkeit und kulinarische Tradition im Taunus. Das sind 250 Jahre teils bewegte Familiengeschichte. Essen und Getränke werden im Apfelland an der offenen Theke bestellt. Immer wieder hallen laute Rufe nach Flammkuchen, Apfelland-Burger oder *Spundekäs* mit Brezel durch die offene Küche. *Äppler,* Apfelsaft oder Secco – alles aus der eigenen Kelterei – und andere Getränke können direkt mit zum Platz genommen werden, das Essen wird gern gebracht. Kissen aus dem großen Korb nicht vergessen, wie man sich bettet, so genießt man im Grünen. Das Apfelland, eine typisch hessische Straußwirtschaft, öffnet mit der Apfelblüte im Mai. Dann können die Gäste Woche um Woche miterleben, wie sich mit viel Sonne, genügend Wasser und etwas Geduld bis zum Saisonende im September die Äpfel entwickeln. Und dann werden aus Schafsnase, Boskoop oder Renette Apfelsaft und Apfelwein gekeltert, über den Winter gelagert und im nächsten Spätfrühling an der Theke frisch ausgeschenkt. Wenn das kein Grund zum Wiederkommen ist.

- Schäfer Jakobs Apfelland, Schmiehbachtal, zu Fuß unter der B519-Brücke, 65779 Kelkheim, www.zumtaunus.de/apfelland
- ÖPNV: RB12, Haltestelle Münster Bahnhof, ca. 2 Kilometer Fußweg

# Eine Reise für die Sinne

## 67 Das Kur-Royal Day Spa in Bad Homburg

Auch wenn die Vorfreude auf ein paar entspannte Stunden riesengroß ist, lohnt es sich, kurz innezuhalten und den imposanten Kuppelbau auf sich wirken zu lassen. Mitten im idyllischen Kurpark liegt das von 1887 bis 1890 erbaute Kaiser-Wilhelms-Bad, das nicht umsonst als eines der schönsten Badehäuser in Hessen gilt. Hier nahmen einst Kaiser, Könige und Fürsten Mineralbäder oder ließen sich mit Bad Homburger Heilton behandeln. Mit jeder Stufe hinauf bleibt der Alltag ein Stückchen zurück. Bis sich schließlich die Glastür schließt und der Gast ganz in die Wohlfühlwelt des Kur-Royal Day Spa eintaucht.

Die Räume sind weit und hoch, lichtdurchflutet, ausgestattet mit kostbaren Fliesen und Mosaiken – die harmonische Stimmung überträgt sich leicht auf die Besucher. Das Day Spa breitet sich über zwei Ebenen aus. Es gibt viele verschiedene Angebote, dazu können Massagen oder Bäder gebucht werden. Wie wäre es zuerst mit einem Heudampfbad? In der Nische vor dem Kraxenofen, der mit frischem Heu gefüllt ist, nimmt der Gast Platz, eingehüllt in ein Vlies. Der Ofen bollert und lässt sogleich Dampf entstehen. Die getrockneten Gräser, Kräuter und Blumen, die dadurch erwärmt werden, werden im Kurpark gemäht und anschließend getrocknet. Der Körper nimmt die ätherischen Öle des Heus auf und die Muskulatur entspannt durch die wohltuende Wärme.

TIPP

Der Kurpark ist ein Kulturdenkmal mit außergewöhnlichem Baumbestand.

Aufatmen und durchatmen im Solepark: Die mineralstoffreiche Sole rieselt über Bündel aus Schwarzdornreisig und befeuchtet die Luft. Auch das warme Wasser im Sole-Entspannungs-Bassin mit Sitzmöglichkeit ist mit Salz angereichert. Wer zwischendurch ruhen möchte, kann das bei sanftem Wassergeplätscher im Salon Victoria tun. Im Sommer lockt eine Sonnenwiese ins Freie. Köstliche Getränke wie den sauer-fruchtigen Kur Royal Spezial, der eine Farbe wie der Sonnenaufgang hat, gibt es in der Quellenbar. Apropos Sonnenaufgang: Im warmen Sand lässt sich ein Sommertag am Strand mit Meeresrauschen und Sonnenschein erleben. Eine kleine Reise in den Süden.

- Kur-Royal Day Spa im Kurpark, Kaiser-Wilhelms-Bad, 61348 Bad Homburg, Tel. (0 61 72)1 78 31 78, www.kur-royal.de
- ÖPNV: Bus 6, Haltestelle Kaiser-Wilhelms-Bad

# Ein gemütlicher Schoppen

## 68 Der Weinstand in Wicker

Mitten im Flörsheimer Stadtteil Wicker steht es: das Tor zum Rheingau. Wer durch diesen dicht mit Efeu bewachsenen Sandsteinbogen geht, ist im Herzen des Weinanbaus angekommen, der das kleine Wicker so sehr prägt. Dort befindet sich der Weinstand, ein herrlich gemütlicher Treffpunkt für Liebhaber besonderer Tropfen aus der Region.
Schon von Weitem ist die gute Stimmung, die in dem kleinen Viertel rund um den Dorfbrunnen herrscht, zu spüren. Ein lauschiges Plätzchen ist das, eingerahmt von schönen Fachwerkhäusern, an denen die Rosen emporklettern. Gesellig geht es zu, an Tischen und Bänken sitzen Flörsheimer, Spaziergänger, Radelnde, Einheimische, Touristen, Nachbarn, Freunde. Wenn Platz fehlt, wird entweder welcher geschaffen und die nächste Bank aus dem Schuppen geholt – oder einfach ein Stückchen zusammengerückt. Die Kinder spielen, versorgt mit einer frischen Brezel, am plätschernden Brunnen. Eine wahre Idylle.
Der Wickerer Weinstand hat Tradition und die reicht zurück bis ins Jahr 1981. Seitdem betreiben die Wickerer Winzer den Weinstand abwechselnd an den Wochenenden. Wicker hat gerade mal an die 3500 Einwohner – und stolze 40 Hektar Rebfläche, auf der hauptsächlich Rieslinge und Spätburgunder angebaut werden. Die meisten Weinbaubetriebe sind Nebenerwerbswinzer, die abends und am Wochenende für Weinberg und Keller sorgen. Für sie ist der Weinstand eine schöne Gelegenheit, sich und ihre Kellerschätze zu präsentieren.
Die Saison beginnt Anfang April und endet im Oktober. Auch die Weinköniginnen geben sich am Stand die Ehre. An diesem sonnigen Wochenende hat Reiner Flick vom Weingut in der Straßenmühle Dienst. Seine Helfer an der Theke haben zusammen mit Tochter Katharina, Winzerin in der zehnten Generation, alle Hände voll zu tun: Weine ausschenken, *Spundekäs* servieren und hier und da mit der Kundschaft lachen und scherzen. Schließlich kennt man sich hier am Wickerer Weinstand oder lernt sich über den Wein kennen. Ein Prosit auf die Gemütlichkeit!

TIPP

Am Wickerer Weinfest am ersten Augustwochenende öffnen die Winzer Höfe und Straußwirtschaften.

- Weinstand Wicker, Taunusstraße, Tor zum Rheingau, 65439 Flörsheim
www.winzerverein-wicker.de
- ÖPNV: Bus 807, 809, 817, 819, 820, Haltestelle Alte Goldbornschule

St URBAN

# Budenzauber an der Burg

## 69 Der Weihnachtsmarkt in Eppstein

Die Eppsteiner Burg, die so herrschaftlich über der Altstadt wacht, hat zu jeder Jahreszeit ihren einzigartigen Charme. Der einstige Adelssitz mit seiner langen Geschichte ist deshalb sicher mehr als einen Besuch wert. In den Sommermonaten wird die mächtige Ruine zur großen Bühne für die Burgfestspiele als eine der ältesten Open-Air-Theaterspielstätten des Rhein-Main-Gebiets. Aber für die Weihnachtszeit scheint die Burg gemacht zu sein. Dann umgibt sie für ein paar Wintertage ein besonderer Zuckerwattezauber. Am dritten Advent findet in Eppstein traditionell der Weihnachtsmarkt statt. In der malerischen Altstadt drängen sich dann die Buden mit Kunsthandwerk, Kitsch und kulinarischen Köstlichkeiten. Auf dem Wernerplatz dreht ein Karussell Runde um Runde; in der Weihnachtswerkstatt im Theodor-Fliedner-Haus wird gebastelt und Plätzchen werden gebacken. Unterhalb der Burg in der Wooganlage kann die lebende Krippe besucht werden.

Vor 4 Jahrzehnten wurde erstmals ein Weihnachtsmarkt in der Eppsteiner Altstadt aufgebaut. Die romantische Stimmung in den verwinkelten Gassen unterhalb der erleuchteten Burg macht bis heute das einzigartige Flair des Eppsteiner Weihnachtsmarkts aus. Genau so muss ein Weihnachtsmarkt sein: kuschelig und gemütlich, mit funkelnden Lichtern und strahlenden Kinderaugen, mit Chormusik und Flötenspiel und dem Geruch nach Bratwurst, Glühwein und gebrannten Mandeln. Natürlich wird die Burg auch in den Weihnachtstrubel eingebunden. Das Museum kann besichtigt werden und der imposante Bergfried ist zur Besteigung geöffnet. Oben angekommen, liegt einem Weihnachten zu Füßen. Eine liebgewonnene Tradition ist die Aufführung eines Weihnachtsmärchens durch die Burgschauspieler im Bürgerhaus.

Beschlossen wird der Weihnachtsmarkt am Sonntagabend mit der bengalischen Beleuchtung der Burg Eppstein durch die Stadtwache. Dieser Lichterzauber ist im gesamten Talkessel und von den umliegenden Hügeln zu sehen. Wenn es dann noch schneit, ist die Stille Nacht nicht mehr fern.

TIPP

An den Adventswochenenden werden Adventsfenster geöffnet, begleitet von Geschichten und Musik.

- Burg Eppstein, Auf der Burg, 65817 Eppstein
  www.eppstein.de
- ÖPNV: S2, Haltestelle Bahnhof Eppstein

Tiroler Hoflad

# Von Hand gemacht

## 70 Der Laden der Oberurseler Werkstätten

Ein *Schawellsche,* das kramen die Hessen hervor, wenn sie beispielsweise ans oberste Regal in der Küche kommen müssen. Die kleinen Schemel gehören hier, im Lädchen der Oberurseler Werkstätten für Behinderte, traditionell zum Sortiment. Aber noch so viel mehr gibt es hier zu entdecken: ganz besondere Schätze, hergestellt von besonderen Menschen. Vogelhäuschen, Insektenhotels und Nistkästen; Körbe, Kreisel, Konfetti und hauchzarte Ketten, Blumenvasen und Bretter, die man gar nicht mehr aus der Hand legen mag, so streichelzart fühlt sich das Holz an. Auch die Apfelweinglasträger kommen aus der Schreinerei der Werkstätten, die vis-à-vis angesiedelt ist.

Schönes, Nützliches, Brauchbares und Spielerisches gibt es im Werkstattladen – und am besten bringt man ein bisschen Zeit mit, um das Sortiment zu begutachten. Bernadette Hertle von den Werkstätten weiß zu jedem Produkt eine kleine Geschichte zu erzählen. Die Seifenschalen beispielsweise, die töpfert eine junge Frau mit viel Liebe und Hingabe. Gerade ist ihre neue Kollektion eingetroffen, farbenfroh und fröhlich. Alle Stücke im Laden sind selbst gefertigt, betont Bernadette Hertle. Etwa 600 Mitarbeiterinnen und Mitarbeiter plus Betreuer zählen die Werkstätten, die neben der Eigenproduktion vor allem auch Großaufträge von Kunden annehmen.

TIPP

Im Freilichtmuseum Hessenpark gibt es auch einen Werkstattladen, das „Schawellsche".

Eine Besonderheit ist das feine Badesalz, das in Röhrchen verkauft wird. Die Rosenblätter und Lavendelblüten dafür werden im Garten von den Mitarbeitern gesammelt, getrocknet und dann weiterverarbeitet. Ganz außergewöhnlich sind auch die Vasen aus kleinen Baumstammstücken, mit Rinde und ohne, kantig, geschwungen, jedes Stück ein Unikat. Einmal im Monat ist der Laden mit seinem Sortiment auch Samstag von 9 bis 16 Uhr auf dem Oberurseler Markt vertreten. Dann ist einkaufen in Altstadt-Atmosphäre angesagt. Für die Apfelweingläser gibt's übrigens auch den passenden Insektenschutz, mit dem Logo der Taunusstädte beispielsweise. Die heißen im Hessischen *Deckelscher.*

- Werkstatt-Shop Oberursel, Oberurseler Straße 81, 61440 Oberursel, Tel. (0 61 71) 9 98 02 60, www.o-wfb.de
- ÖPNV: Bus 42, 43, 44, 46, 49, Haltestelle Pfeiffstraße; U3, Haltestelle Bommersheim

# Der Freiheit auf der Spur

## 71 Der Gagern-Rundweg in Kelkheim

Die Familie von Gagern gehörte zu jenen, die den Weg für die Demokratie in Deutschland bereitet haben. Von Kelkheim aus hat sie das getan, damals ein Bauerndorf mit 50 Häusern und 300 Seelen. Dort lebten die von Gagerns in einem Hofgut im heutigen Stadtteil Hornau, gut 50 Jahre lang, von 1818 bis 1866. Gäste, auch berühmte wie der Dichter Freiherr vom Stein, waren gern gesehen, vor allem in den Sommermonaten verbrachten sie gemeinsam glückliche Stunden. So ist es kein Wunder, dass in Kelkheim auf Schritt und Tritt an die Adelsfamilie erinnert wird.

Entlang einer 2 Kilometer langen Strecke durch Hornau lässt sich ein Stück Geschichte der Familie von Gagern nachgehen. Start ist an der Gagernanlage an der Rotlintallee, auf der das Hofgut stand. Findlinge, zwölf an der Zahl, stehen für die Eltern und ihre zehn Kinder. Der bekannteste der drei politischen Brüder, Heinrich, war Präsident der Nationalversammlung von 1848 in der Frankfurter Paulskirche. Erhalten ist das Hofhaus, das heute von der katholischen Kirchengemeinde genutzt wird. Ein Büffelhorn schmückt das Gebäude, das Friedrich von Gagern aus dem damaligen Indonesien mit nach Hause brachte.

Der Rundweg umfasst zehn Stationen; Infotafeln erzählen von der bewegenden und bewegten Familiengeschichte. Es lohnt sich, den Blick schweifen zu lassen, denn von unterwegs ist der Staufen zu sehen, jener Fels, an dem die Brüder 1838 ihren Staufenschwur geleistet haben. Abgesehen vom politischen Wirken umgibt die Familie auch ein sehr romantischer Geist. Vater Hans Christoph liebte die Rosenzucht ebenso wie die Literatur. Auch eine Grotte gibt es, von der eine melancholische Geschichte erzählt wird. Die Fuchshöhle nahe einer kleinen Fußgängerbrücke über den Liederbach ist leicht vom Gagernring aus zu erreichen. In dieser Höhle, so die Sage, habe sich der geschlagene Minnesänger Heinrich von Ofterdingen nach dem Sängerkrieg auf der Wartburg aufgehalten. Seine schwermütigen Lieder, so eine Legende, hätten dem Bach den Namen gegeben.

**TIPP**

Wanderung zum Staufen von der Gaststätte Gundelhard aus. Eine Tafel erinnert an den Staufenschwur.

- Gagernweg in Kelkheim-Hornau, Start Rotlintallee, 65779 Kelkheim
www.museum-kelkheim.de
- ÖPNV: Bus 263, 804, 806, Haltestelle Vereinshaus; RB12, Haltestelle Bahnhof Hornau

# Die Schönsten im Land

## 72 Auf der Obstwiese in Kronberg

Zunächst gilt es, den passenden Baum zu finden. Der Weiße Winter? Die Französische Renette? Vielleicht die Apfelquitte? So viele Naturschönheiten stehen auf der Pfarrer-Christ-Obstwiese in Kronberg. Ist er gefunden, der perfekte Baum, braucht es zum vollkommenen Glück lediglich eine schöne, kuschelige Wolldecke. Sorgfältig wird sie unter der ausladenden Krone nah am knorzigen Stamm ausgebreitet, vielleicht bei einem Kalbfleischapfel, einer alten Sorte aus Südhessen. Und dann: hinlegen, den wintermüden Körper ausstrecken, staunen und träumen.

Wenn sich die Knospen von Apfel, Birne, Kirsche, Quitte oder Pflaume öffnen – abhängig vom Wetter und der Sorte variiert die Zeit der Blüte von Ende März bis in den Mai hinein –, ist endlich Frühling im Taunus. Tiefrosa, fast schon pink ist die Blütenknospe, reinweiß dann die zarten Blüten, einfach zauberhaft. Wie in duftige weiße Wölkchen scheint der ganze Baum, beinahe der ganze Himmel gehüllt. Ein sachter Wind kommt auf, streicht hindurch zwischen den Ästen – es schneit! Es schneit Frühlingsschnee. Ganz weich rieselt er auf die Decke herab. Ist der Blütenblätterengel schon erfunden?

**TIPP**

Der Weg führt vorbei am Schafhof, dem berühmten Gestüt Linsenhoff.

Wer dem Frühling noch ein Stück entgegengehen möchte, kann sich von der Obstwiese zu einem Spaziergang durch das Rentbachtal aufmachen. Immer wieder gibt es unterwegs prächtig blühende Obstbäume zu bewundern. Einfach der Beschilderung von Apfel (1,5 Stunden Rundweg), Birne (die 2-Stunden-Tour ist besonders für Familien, auch mit Kinderwagen, geeignet) oder Erdbeere (2 Stunden, teilweise steiler Pfad) folgen. Auf Schautafeln erfährt man ganz beiläufig auch einiges Wissenswerte über Johann Ludwig Christ, lutherischer Oberpfarrer zu Kronberg von 1786 bis 1813. Er gilt als Pionier in Sachen Obstbau und Naturforschung. Von Kronberg aus machte er die Äpfel, gewachsen im Schutz der Taunushöhen und besonnt an den Steilhängen, deutschlandweit bekannt.

- Pfarrer-Christ-Obstwiese, Ecke Schwalbacher Straße/Geiersbergweg, 61476 Kronberg im Taunus
- ÖPNV: Bus 85, Haltestelle Schafhof; S4, Haltestelle Kronberg Süd, ca. 700 Meter Fußweg

# In der Ruhe liegt die Kraft

## 73 Die Karawanserei in Weilrod

Ein Herzensmoment. Das Mädchen sitzt im Gras, entspannt, ganz bei sich. Und bei ihm sitzt Pepita, das weiße Lama mit dem braunen Kopf, genauso entspannt, genauso bei sich. Beide haben die Welt um sich herum vergessen. Natürlich hat Isabel Saraber inmitten ihres Rudels diese Szene sofort entdeckt, hält inne, beobachtet. „Sie mag dich, sehr sogar“, ruft sie dem Mädchen zu. Ein echter Glücksmoment, für das Mädchen, für das Lama, für Isabel Saraber. Denn genau das ist es, was sie den Gästen ihrer Farm vermitteln will: Sind sie achtsam, ruhig und entspannt, sind es die Tiere auch. Dann lassen sie Nähe zu, dann entstehen diese besonderen Momente, die das Herz wärmen und sich tief in die Seele legen.

In der Begegnung mit den Alpakas, Lamas und Kamelen liegt ein Zauber. Das hat ganz sicher mit dem Wesen dieser außergewöhnlichen Tiere zu tun, aber auch mit dem Ort, an dem sie leben. Hoch oben, im Finsternthal in der Gemeinde Weilrod, dort, wo der Taunus immer wilder und ursprünglicher wird, sind sie zu Hause. Es scheint fast so, als würden sich hier der blaue Himmel und die sattgrünen Felder berühren. An diesem besonderen Flecken gibt es die Weite für die Tiere, die sie brauchen, um sich wohlzufühlen.

Mit zwei Alpakas hat es vor beinahe 30 Jahren angefangen. Die Herde ist gewachsen, auch drei Kamele haben sich dazugesellt. Mit den Lamas und Alpakas bietet Isabel Saraber Trekkings an, nur zwei die Woche und nie mehr als zehn Tiere auf einer Runde. Eine Tour dauert 2 Stunden, die Lamas und Alpakas werden am lockeren Strick geführt, wohin der Weg geht, weiß der Wind. Die Weilroderin lebt mit ihren Tieren, nicht von ihnen. Jedes Tier kennt sie beim Namen, jedes Tier hat seine Eigenheiten, seine Geschichten, die sie achtet. Die feinfühlige, ruhige und ausgeglichene Art der Lamas und Alpakas übertrage sich auf die Menschen, sagt die Tierflüsterin. Wenn sie anders gehen, als sie kamen, entspannter und geerdeter, habe sie ihre Aufgabe erfüllt.

- Lama- und Alpakatrekking Isabel Saraber, Landsteiner Straße 4, 61276 Weilrod
www.lama-llamera.de
- ÖPNV: Bus 82, Haltestelle Ortsmitte

# Crème brulée im Mondschein

74

## Die Tafel im Grünen in Hattersheim

Es muss ein geheimer Plan sein, dem diese Menschen folgen. Wolldecken tragen sie unter dem Arm, haben Pullover um die Hüften gebunden, Sitzkissen im Korb. Und ein beinahe glückseliges Lächeln im Gesicht. Sie nicken sich zu und verschwinden Richtung Feldrand von Hattersheim. Hier geht's lang zur Tafel im Grünen.

Der Tisch ist gedeckt, mitten im Feld, an die 70 Menschen nehmen an diesem Abend daran Platz. Sie sind so zusammengewürfelt wie die vielen bunten Stühle, Alte, Junge, Frauen, Männer, Kinder, Stammgäste und Neue. Für sie ist es ein besonderer Sommerabend unter dem Himmel von Hattersheim. Zur Tafel im Grünen haben die Schlocker-Gärtnerei und Cook & Chill eingeladen. Beides gehört zum Schlockerhof, der viele Jahre schon für Vielfalt und Integration in der Taunusstadt steht. Menschen mit einer geistigen oder körperlichen Beeinträchtigung bekommen hier eine qualifizierte bezahlte Beschäftigung. Mit so viel Liebe ist alles gerichtet. Die mit Blumen geschmückten Räder, die Zinkkübel mit dem Frauenmantel, die Kerzen und Lämpchen in jeder Ecke. Glück gehabt, wer diesen Moment teilen darf. Von dem, was auf den Teller kommt, ist viel in der eigenen Gärtnerei gewachsen: die Wild- und Küchenkräuter für die Marinade, die Rote-Bete-Sprossen auf dem Salat, die Möhren, die in Honig glasiert sind, die geschmorten Tomaten und die Kartoffeln für das Risotto. Es ist wunderbar, dort zu genießen, wo es herkommt. Für das Menü wird eine Pauschale gezahlt, Getränke gehen extra. Die Stimmung ist hervorragend, die Vorspeisen sind serviert, von der Schlockerkruste, einem knusprigen Brot mit Wildkräuterbutter, wird am Tisch noch lange gesprochen. Und der Wein, dieser „hochrot“, ein Hoch auf uns!

Wenn es dunkel wird in Hattersheim, kommt ein frischer Wind auf. Lieber warm einkuscheln, statt schon zu gehen. Die Kerzen brennen langsam ab, der Mann mit der Gitarre spielt. Die Crème brulée im Mondschein ist Nachtisch für die Seele. Gänsehautmomente. Ach Augenblick, verweile doch.

**TIPP**

Die Schlockerkruste gibt's in der eigenen Bäckerei in der Dürerstraße zu kaufen.

- Tafel im Grünen, Schlockerhof-Wiese, Dürerstraße 25, 65795 Hattersheim www.evim.de (Anmeldung via Homepage)
- ÖPNV: Bus 821, 831, 832, 834, Haltestelle Dürerstraße; S1, Haltestelle Hattersheim

# Im Winter-Zauber-Land

## 75 Der Altkönig in Kronberg

Schneestill ist es. Lediglich das Knirschen der Wanderschuhe im frisch gefallenen Schnee ist zu hören. Ein wunderbares seltsam warmes Winterglücksgefühl breitet sich aus, ganz tief im Bauch. Über Nacht sind mindestens 10 Zentimeter der weißen Pracht gefallen. Wenn für die Taunusstädte Temperaturen um die 0 Grad und Schmuddelregen gemeldet sind, dann lohnt es sich, eine Wanderung auf den Altkönig zu planen. Denn der dritthöchste der Taunusberge liegt immer noch so hoch, dass die Chancen auf Schneefall gut stehen.

798 Meter ist er hoch, der Altkönig, um knapp 100 Meter also ein Stückchen kleiner als der Große Feldberg. Aber dafür ist es hier so viel ruhiger und ursprünglicher als auf dem immer trubeligen Feldberg. Denn zum Glück muss der Altkönig erobert werden, zu Fuß oder mit dem Mountainbike; Straßen gibt es nicht. Auch keine Gaststätte und keinen Aussichtsturm am Gipfel. Dafür unberührte Natur und viele verschiedene Wege, lange und kürzere, die nach oben führen. Die Ausrüstung für die Altkönig-Wanderung sollte zu jeder Jahreszeit solide sein, auf jeden Fall sind trittsichere Wanderschuhe empfohlen und ein gut gepackter Rucksack, im Winter unbedingt mit dampfendem Tee. Kalt wird es schon hier oben und zugig ist es auch.

Unterwegs gibt's immer wieder etwas zum Schauen. Eine wunderbare Aussicht auf die hohen Häuser Frankfurts, den großen Feldberg-Bruder und die Städte Kronberg und Königstein. Eine Besonderheit sind die keltischen Ringwälle. Etwa 400 Jahre vor Christus wurden auf dem Gipfel des Bergs mehrere Wälle errichtet, die wohl zu einem Fürstensitz oder einer Fluchtburg gehörten. Kurz vor dem ausladenden Plateau des Altkönigs liegt ein kleiner Zauberwald. Eiskristalle hängen an den Ästen der Bäume, Büsche biegen sich unter der Schneelast zu Torbögen, unter denen der Wanderer durchgehen kann. Wer sich bis oben zurückhalten konnte, legt spätestens jetzt los: Schneebälle werfen rund um die Tische und Bänke. Vorbei ist es mit der Schneestille.

**TIPP**

Den Römern auf der Spur geht's über den Gipfel zum Pass Fuchstanz, dort gibt es zwei Wirtshäuser.

- Altkönig, Start am Schardtwald Parkplatz, Scharderhohlweg, 61462 Königstein im Taunus
- ÖPNV: Bus 84, 85, Haltestelle Auf dem Seif, ca. 550 Meter Fußweg

# Im Märchenland

## 76 Der Zauberwald in Kelkheim

Hier sieht es aus wie hinter den sieben Bergen, bei den sieben Zwergen, dort, wo Schneewittchen zu Hause ist. Und nicht nur sie, sondern auch der Räuber Hotzenplotz. Haben sich dort hinten nicht Kaspar und Seppl versteckt? Gleich nebenan spielt die schöne Königstochter mit ihrer glänzend-goldenen Kugel.

Der Zauberwald in Kelkheim ist ein großer Spaß für die ganz Kleinen. Aber auch Eltern und Großeltern fühlen sich hier schnell zurückversetzt in die eigene Kindheit und lassen sich gern auf den Märchenzauber ein. Auf die Baumstämme mitten im Wald sind leuchtend bunt die Figuren aufgemalt. Wer die Geschichten von Froschkönig, Hänsel und Gretel oder Rapunzel liebt, kann im Zauberwald so richtig in ihre fantastische Welt eintauchen. Denn ist es nicht genau hier gewesen, wo Hänsel und Gretel von den Eltern tief und tiefer in den dunklen Wald geführt wurden? Kinder sind hellauf begeistert, ihre Lieblingsfiguren zu treffen, sich neue Geschichten auszudenken oder die bekannten nachzuspielen.

Auch für die Älteren gibt es einiges zu entdecken. Die Hirschkäferwiege beispielsweise. Den imposanten Käfer mit seinem auffälligen Geweih haben viele schon einmal gesehen, dennoch ist er bei uns selten geworden. Hirschkäfer brauchen vor allem alte naturnahe Wälder, in denen sie sich in Ruhe entwickeln können. So soll die Wiege den Käferlarven als Kinderstube dienen. Überall rund um den kleinen Zauberwald sind außerdem Tipis entstanden, kleine und große, die immer weiter ausgebaut werden können oder in denen gespielt werden kann. Wenn die feinen Pfefferkuchen am Hexenhäuschen auch verlockend aussehen, bringt man doch besser seine eigene Vesper zur Verpflegung und eine Picknickdecke für diesen Ausflug mit. Nur einen kleinen Spaziergang entfernt vom Märchenwald lockt ein Waldseilgarten. Viele Hochseilelemente sind in die Bäume integriert und in Parcours aufgeteilt. Großen Spaß macht die Seilrutsche mit mehr als 100 Metern Länge.

- Zauberwald Kelkheim, Lorsbacher Straße 41, 65779 Kelkheim
- ÖPNV: Bus 263, Haltestelle Lorsbacher Straße; RB12, Haltestelle Münster Bahnhof

# Spielen ohne Grenzen

## 77 Der Spielpark in Hochheim

Die Szene wiederholt sich ein ums andere Mal. Familien kommen Hand in Hand gemütlich angeschlendert. Plötzlich geht ein Ruck durch die Kinder, sie reißen sich los und rennen. Rennen den Berg hinauf, so schnell sie können, um zur Dschungelbrücke zu gelangen.
Zugegeben, allein der Blick auf den Spielpark in Hochheim verschlägt einem die Sprache. Diese Größe, diese Weite, da schlagen tatsächlich nicht nur Kinderherzen automatisch schneller. Zunächst ist Geschicklichkeit gefragt, um die wackeligen Seile der Hängebrücke entlangzulaufen, bis schließlich das Plateau des großen Turms erreicht ist. Hoch oben vom Turm aus lohnt ein Blick auf die Gegend: Von hier sind die Hochheimer Storchennester zu sehen, die Aussichtskanzel Vogelnest und bei strahlendem Sonnenschein ist in weiter Ferne sogar der Feldberg zu erkennen. Aber für schöne Aussichten bleibt jenen, die hier oben stehen, wirklich keine Zeit. Die Tunnelrutsche wartet. Jetzt braucht es Mut, denn nun geht's aus 15 Metern Höhe steil hinab. Unten angekommen, verweilen die Kinder in Glückseligkeit, um nach wenigen Sekunden aufzuspringen und wieder durchzustarten.
Das könnte den lieben langen Tag so gehen, klettern, rutschen, klettern, rutschen – wäre da nicht noch der Tarzanschwinger, der genau so bezwungen werden möchte wie die Doppelseilbahn oder die Königinnenschaukel. Die ganz Kleinen buddeln derweil im Sandkasten. Das weitläufige, hügelige Gelände der ehemaligen Kiesgrube ist abwechslungsreich, es gibt ein kleines Felsenmeer zum Klettern, Holzstämme zum Balancieren, überall Plätze zum Verstecken und eine riesige Spiel- und Liegewiese. Wenn es hier etwas gibt, dann ist es richtig viel Platz. Die Erwachsenen können ihre Picknickdecke ausbreiten, eine Runde Boccia oder Federball spielen oder einfach faul in der Sonne liegen. Zwischendurch kommen alle zum gemeinsamen Picknick zusammen. Bis zur nächsten Kletterpartie. Zum Gehen ist es einfach immer zu früh.

- Spielpark Hochheim, an der L3028, 65239 Hochheim
- ÖPNV: Bus 46, Haltestelle Lindenhof, ca. 1 Kilometer Fußweg

# Glück und Glas

## 78 Der waldGLASweg in Glashütten

Der Himmel ist wölkchenweiß, die Sonne strahlt, die Luft ist frisch – Tage wie diese sind dafür gemacht, den waldGLASweg in Glashütten zu gehen. Denn wenn die Sonne sich in den Glaskunstwerken bricht, die entlang der Route stehen, entsteht das faszinierende Farbenspiel, dieses Glitzern und Funkeln, das Glas so einmalig macht. Gut 1,5 Kilometer ist der Weg lang, ein leichter Spaziergang also. Der Grund und Boden ist geschichtsträchtig, hier verläuft auch der Limeswanderweg. Unterwegs gibt es nicht nur etwas zum Schauen, sondern auch zum Lernen: Entlang der sieben Stationen – Start ist am Limespavillon am Dornsweg – geht es um die spätmittelalterliche Glasproduktion in den Glashöfen. Die Idee zu diesem begehbaren Kunstwerk stammt von der Glashüttener Künstlerin Ines Nickchen.

TIPP

Nirgendwo ist der Limes-Grenzwall größer und besser erhalten als in den Wäldern am Großen Feldberg.

Alles auf Anfang an Station 1: das Erwachen. Scherben aus der Vergangenheit werden neu zusammengefügt. Der Weg führt weiter durch den schönen Taunushochwald zu einer gläsernen Sitzbank. Wie im Märchen funkelt das Glas zartgrün. Vorsichtiges Rantasten an das Objekt, nur schauen oder doch auch Platz nehmen? Erst mal sehen, was da auf der Bank geschrieben steht: Seit über 4000 Jahren kennt die Menschheit den Werkstoff Glas. Schon die Römer hatten Glasfenster in ihren Kastellen am Limes und benutzten schön geformte und verzierte Glasgefäße. Bitte Platz nehmen und die Aussicht genießen.

Um nicht die Kunst im Wald vor lauter Bäumen aus den Augen zu verlieren, lohnt es sich, genau zu schauen. Sonst verpasst man noch den Kieper, den Glasträger, mit seiner bunten Pracht auf dem Rücken. Hier in seiner Nähe befand sich einst eine Glashütte, in der blaues Glas hergestellt wurde. An rotem Glas versuchte man sich weiter oben am Hang, ein schwieriges und aufwendiges Unterfangen. Endstation des waldGLASwegs ist der Platz der Alten Glasöfen, dort, wo der Emsbach in einer kleinen Schlucht plätschert. Nur 1 Kilometer weiter ist der Bach am Kleinen Feldberg entsprungen. Für eine Rast gibt es einen Tisch und eine Bank.

- waldGLASweg, Station I, Dornsweg Höhe Friedhof, 61479 Glashütten
- ÖPNV: Bus 60, 81 83, 223, Haltestelle Glashütten Dornsweg

wald GLAS we

# Wild und lecker

## 79 Die Schlockerhof-Gärtnerei in Hattersheim

Was Frankfurts berühmtester Sohn, Geheimrat von Goethe, dazu wohl gesagt hätte? Seine Grüne Soße aus sieben Kräutern soll ihm schließlich heilig gewesen sein. Die Gärtnerinnen und Gärtner vom Schlockerhof in Hattersheim haben jetzt eine wilde Variante entwickelt, mit Giersch, Gundelrebe, Spitzwegerich und Knoblauchsrauke.
Die Wildkräuter wachsen ebenso wie Wildstauden und Küchenkräuter im Garten am Feldrand und werden im Hofladen verkauft. Liebevoll gehegt und gepflegt von den 50 Mitarbeitern mit körperlichen oder geistigen Beeinträchtigungen, die von einem Team angeleitet werden. Schon früh am Morgen wird auf den Feldern gearbeitet. Die Kräuter für die Grüne Soße gehören zu den ersten, die geerntet und für den Verkauf gepackt werden, denn das muss geschehen, bevor die Hitze kommt. Es ist ein großes Glück, mitten im Grünen, zwischen Beifuß, Löwenzahn, Pimpinelle und Sauerampfer, zu werkeln. Hier wird Unkraut gezupft, drüben auf dem Acker gemäht und dort nach dem Hopfen geschaut, der in Kübeln heranwächst. Ein Versuch, erklärt Projektleiter Christoph Schuch, wie so vieles auf dem Hof. Er könne sich vorstellen, dass sich die jungen Spitzen gut in einem Kräutersalat machen. Sein Credo: Wild und schön, wild und nützlich oder eben wild und lecker muss es sein – und wann immer möglich in Bioqualität. Bereits seit 2016 werden heimische und insektenfreundliche Wildstauden auf dem Schlockerhof gezogen, der ersten Wildpflanzenzucht im Rhein-Main-Gebiet. Vielfalt und Einzigartigkeit der Natur zu erhalten und mit allen Sinnen zu genießen, das ist ihm ein Anliegen.
Auch ein Gang durch die Gewächshäuser lohnt sich: im Winter, wenn die Weihnachtssterne rot leuchten; im Frühling, wenn Geranien-Liebhaber aus mehreren Dutzend Sorten wählen können; und im Spätsommer, wenn die Chrysanthemen blühen. Auf ein schönes Plätzchen auf dem Balkon oder im Garten warten Klassiker ebenso wie manche Neuentdeckung. Wie die wilde Grüne Soße eben. Ein Gedicht – das hätte Goethe sicher gesagt.

TIPP

In der Reihe „Grüner Daumen" gibt es am Gewächshaus Vorträge und mehr rund um das Thema Garten.

- EVIM Schlockerhof-Gärtnerei, Dürerstraße 25, 65795 Hattersheim
  www.schlocker-gaertnerei.de
- ÖPNV: Bus 821, 831, 832, 834, Haltestelle Dürerstraße; S1, Haltestelle Hattersheim

# Französisch genießen

## 80 Das Café Merci in Kronberg

Auf den Etageren türmen sich Käse, Schinken und Konfitüre. Auf den Tellern Eggs Benedict mit Räucherlachs auf Röstbrot. Im Körbchen sind duftende, blättrig-buttrige Croissants. Et voilà, Paris, das können sie hier im Café Merci in Kronberg. Gerade am Wochenende herrscht an den kleinen Bistrotischen eine besondere Glückseligkeitsstimmung. In der warmen Jahreszeit können die Gäste auch auf dem großen Platz vor dem Café unter Sonnenschirmen sitzen und das süße Leben genießen. Seit 30 Jahren schon besteht das Café Merci, gegründet in Bad Soden, später dann mit dem zweiten Laden in Kronberg. Mille-feuille ist damals noch niemanden so leicht über die Lippen gegangen, aber das Savoir-vivre wurde durchaus schon geschätzt von den Gästen. Vor ein paar Jahren hat Alina Klügling den Betrieb von ihren frankophilen Eltern übernommen. Sie ist quasi mit Baguette und Brioche in der Backstube aufgewachsen. Nach alten Familienrezepten wird gebacken, erzählt die junge Frau, das Mehl und die Butter kommen direkt aus Frankreich, der Schinken, der im Café Jambon heißt, wird in Straßburg eingekauft. Hier wird noch mit ganz viele Liebe und Hingabe gearbeitet, jedes Croissant von Hand gerollt und mit dem Lineal vermessen. Dass sie das Aushängeschild des Café Merci sind, wen überrascht das? Und da sind ja auch noch die Croissants aux Amandes mit Mandelsplittern und die Pains au Chocolat, gefüllt mit französischer Schokolade. Herz, was willst du mehr?

**TIPP**

Um die Ecke thront das Standbild des Reichsritters Hartmut XII. von Cronberg mit Blick zur Burg.

Das Café Merci ist zu jeder Tageszeit eine gute Wahl, Frühstück gibt es ebenso wie kleine Köstlichkeiten zwischendurch (natürlich auch französische Zwiebelsuppe) und himmlische Torten zum Nachmittagskaffee. Wer den Laden betritt, braucht ein paar Minuten, schon um all die zauberhaften Köstlichkeiten zu bestaunen: die Tartelettes, Mignardises, Eclairs und Macarons. Aber nicht nur süße Verführungen aus der Pâtisserie gibt es im Merci, auch die Boulangerie bietet allerlei vom klassischen Baguette über Boule bis zu Quiches und Tartes. *À la bonne heure!*

- Café Merci, Berliner Platz 6, 61476 Kronberg, Tel. (0 61 73) 7 02 84 57 www.cafe-merci.de
- ÖPNV: Bus 72, 73, 85, 251, 261, Haltestelle Berliner Platz; S4, Haltestelle Kronberg

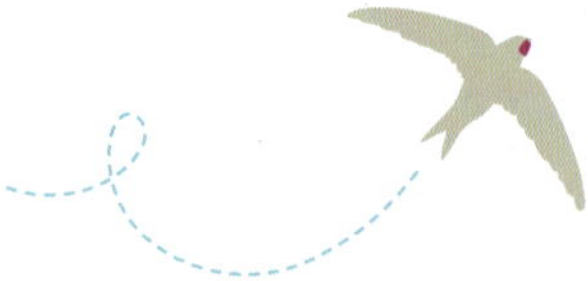

*Für Robert, Annelie und Carlotta, mit denen ich mein Taunusglück am liebsten teile (selbst die Erdbeeren).*
*Und für alle, die ich an ihrem Glücksort besuchen durfte – danke!*

**Bibliografische Informationen der Deutschen Nationalbibliothek**
Die Deutsche Nationalbibliothek verzeichnet diese Publikation in der Deutschen Nationalbibliografie; detaillierte bibliografische Daten sind im Internet über http://dnb.d-nb.de abrufbar.


**Konzeption/Satz:** Droste Verlag, Düsseldorf
**Einbandgestaltung und Illustrationen:** Britta Rungwerth, Düsseldorf, unter Verwendung von Bildern von © Fotolia.com: jd – photodesign.de; © iStock: Plociennik Robert
**Fotos:** Kathrin Barthel/Kur- und Kongreß-GmbH Bad Homburg v. d. Höhe: S. 141; Mona Dirnfellner: S. 9; Eismanufaktur Wicker GbR: S. 89; EVIM Behindertenhilfe: S. 165; Sandra Hauer, Nahdran Fotografie/Hochheimer Wohnungsbau GmbH: S. 91; Renate Hoyer/Kräuterschule Wehrheim: S. 39; Antje Kaukel/EVIM: S. 155; Kino Casa-Blanca Art House: S. 35; Andreas Malkmus: S. 85; Miriam Castle-Weiss Fotografie: S. 61; Kathrin Montag: S. 123; Annelie Müller: S. 131; Saalburg Römerkastell: S. 113, S. 129; Anna Smyrek/Schlosshotel Kronberg: S. 69; Winfried Schwolgin/Foto Gruppe Eppstein: S. 145; Taunus-Weihnachtsbaum Hof Groos GbR: S. 101
Alle anderen: Ines Stickler
**Textlektorat:** Karola Neutze, Brühl

MIX
Papier aus verantwortungsvollen Quellen
FSC® C011279
FSC
www.fsc.org

**Druck und Bindung:** LUC GmbH, Greven
**ISBN 978-3-7700-2315-8**

**www.droste-verlag.de**